Wunden zu Perlen verwandeln

*Meiner Mutter
in Dankbarkeit gewidmet.*

Anselm Grün

WUNDEN ZU PERLEN VERWANDELN

Die 14 Nothelfer als Bilder
einer christlichen Therapie

VIER-TÜRME-VERLAG MÜNSTERSCHWARZACH

Die Deutsche Bibliothek – CIP-Einheitsaufnahme

Grün, Anselm
Wunden zu Perlen verwandeln : die 14 Nothelfer als Bilder einer
christlichen Therapie / [Anselm Grün]. – 1. Aufl. –
Münsterschwarzach : Vier-Türme-Verlag, 1997
ISBN 3-87868-596-3

3. Auflage 2000
© by Vier-Türme GmbH-Verlag, D-97359 Münsterschwarzach Abtei
Gesamtherstellung: Vier-Türme GmbH, Benedict Press,
97359 Münsterschwarzach Abtei
Alle Fotografien: Foto Zwicker Berberich Atelierbetriebe, Gerchsheim
ISBN 3-87868-596-3

INHALT

7 Einleitung

11 Zu den Bildern

13 DER HEILIGE ACHATIUS
Der Engel in unserer Todesangst

23 DIE HEILIGE BARBARA
Die Priesterin für Gefangene und Sterbende

33 DER HEILIGE CHRISTOPHORUS
Der Begleiter über die Schwelle

41 DER HEILIGE DIONYSIUS
Wider falsches Denken

49 DER HEILIGE EUSTACHIUS
Der Berater bei Beziehungskonflikten

59 DIE HEILIGE KATHARINA
Die Heilerin zerbrochener Lebensentwürfe

67 DER HEILIGE PANTALEON
Der Arzt für die Ausgebrannten und Ausgezehrten

17 DER HEILIGE AEGIDIUS
Die Wunde offen halten

29 DER HEILIGE BLASIUS
Der Fürsprecher für Angstgeplagte

37 DER HEILIGE CYRIAKUS
Der Beistand bei Besessenheit

45 DER HEILIGE ERASMUS
Den Affektstau lösen

55 DER HEILIGE GEORG
Der Befreier vom Drachen des Bösen

63 DIE HEILIGE MARGARETE
Die Integration des Schattens

71 DER HEILIGE VITUS
Der Anleiter zu neuer Lebendigkeit

75 Schluss

79 Literatur

EINLEITUNG

Für die hl. Hildegard von Bingen war es eine der wichtigsten Fragen, wie die Wunden zu Perlen verwandelt werden können. An dieser Frage entscheidet es sich, ob unsere Menschwerdung gelingt oder nicht. Denn jeder von uns wird in seinem Leben verletzt. Daran können wir nichts ändern. Aber es liegt an uns, wie wir mit unseren Wunden umgehen, ob wir uns selbst bemitleiden und im Selbstmitleid stecken bleiben, ob wir die Wunden verdrängen und unterdrücken, ob wir unsere Wunden als Entschuldigung sehen, den Anforderungen des Lebens auszuweichen, oder ob wir unser Leben lang andern die Schuld für unsere Probleme zuschieben. Unser Leben wird nur dann fruchtbar werden, wenn wir unsere Wunden anschauen, sie nochmals durchleiden und durcharbeiten. Dieses Durcharbeiten kann in der Therapie oder in der geistlichen Begleitung geschehen. Es kann aber auch in meiner Beziehung zu Gott geschehen. Ich kann meine Wunden Gott hinhalten, sie vor Gott anschauen und im Gebet zur Sprache bringen, damit sie vor Gott und durch Gottes heilenden Geist allmählich verwandelt werden. Verwandlung unserer Wunden meint, daß unsere Wunden sein dürfen, daß wir sie nicht verdrängen oder zudecken müssen, sondern daß wir sie offen mit uns tragen, aber nicht als eiternde Wunden, sondern als einen kostbaren Schatz, als Perlen, die unser Leben wertvoll machen. Wenn ich mich vor Gott mit meiner Wunde ausgesöhnt und ihre Verwandlung erfahren habe, dann spüre ich, daß sie mich lebendig hält, daß sie für mich und für andere zur Quelle des Segens werden und für viele Frucht bringen kann. Die Verehrung der 14 Nothelfer war für die Volksfrömmigkeit über Jahrhunderte hinweg ein guter und hilfreicher Weg, die Wunden in Perlen zu verwandeln. In ihr hat das Volk seine Wunden angeschaut und sie im Gebet vor Gott gebracht. Die Nothelfer haben den Menschen vermittelt, daß es zu ihrem Leben gehört, daß sie verwundet werden, daß sie krank werden, daß sie in aussichtslose Situationen geraten, daß sie scheitern, daß sie Angst haben, die Schwelle zu einem neuen Lebensabschnitt zu überschreiten. Indem sich die Menschen mit den Geschichten und Bildern der Nothelfer beschäftigten, erfuhren sie die Erlaubnis, daß alles in ihnen sein darf, daß sie auch die Verletzungen und Krankheiten, die Nöte und Irrwege nicht von Gott trennen können. So hat das Volk im Blick auf die Nothelfer gelernt, die eigenen Wunden anzuschauen und angstfrei und ohne Schuldgefühle mit den Krankheiten und Verletzungen umzugehen. Die Verehrung der Nothelfer war von dem Vertrauen getragen, daß der Gott, der die Wunden dieser Heiligen verwandelt hat, auch unsere Wunden zu heilen und zu verwandeln vermag. Der Ursprung der Nothelferverehrung liegt im Dunkeln. Manche meinen, sie stamme aus dem Orient und sei von dort in die griechischen Ko-

Ionien von Unteritalien und Sizilien gekommen und von dort nach Deutschland. Denn alle 14 Nothelfer tragen griechische Namen und stammen aus dem Orient. Andere glauben, der Nothelferkult sei in Deutschland entstanden. Auf jeden Fall werden die 14 Nothelfer in Regensburg seit dem 14. Jhd. verehrt. Und ihre Verehrung hat sich vor allem in Süddeutschland verbreitet. Die 14 Nothelfer werden bei besonderen Anlässen angerufen, daß sie den in Not Geratenen helfen mögen. Es sind eine Gruppe von 14 Heiligen, die Gott vor ihrem Märtyrertod gebeten haben, dem Hilfe zu gewähren, der sie darum bittet. Seit dem 13. Jahrhundert wurden ihnen Altäre geweiht. Oft wurde den 14 Heiligen Maria als 15. Nothelferin zugesellt. Die Zusammensetzung der 14 Heiligen schwankt je nach der Region, in der sie verehrt werden. Zu den klassischen 14 Nothelfern, die wir hier behandeln, kommen manchmal Leonhard, Magnus, Nikolaus, Oswald, Quirinus und Rochus dazu. Dafür werden dann andere ersetzt. Als früheste Darstellungen der 14 Nothelfer mit Maria in ihrer Mitte sind die Wandmalereien in der Dominikanerkirche in Regensburg (1331) und die Glasmalereien im dortigen Dom (1365) erhalten. Volkstümlich wurde die Verehrung der 14 Nothelfer, als sie 1445 einem Klosterschäfer von Kloster Langheim in Oberfranken erschienen. An dieser Stelle wurde dann die berühmte Wallfahrtskirche „Vierzehnheiligen" erbaut. Große Künstler wie Michael Pacher, Veit Stoß, Lucas Cranach und Matthias Grünewald haben die 14 Nothelfer dargestellt.

Die Verehrung der 14 Nothelfer verbreitete sich gerade in Zeiten, in denen vielfache Nöte die Menschen heimsuchten, in Zeiten, da Pest die Bevölkerung dahinraffte, da Kriege und Raubzüge das Leben unsicher machten. Die 14 Nothelfer stärkten das Vertrauen der Menschen in den Gott, der ihre Not wenden kann und auch willens ist, jedem beizustehen, der ihn um Hilfe bittet. Die Verehrung der 14 Nothelfer war für die Volksfrömmigkeit des Mittelalters eine Art Selbsttherapie. Angesichts der Ohnmacht gegenüber den Seuchen und Krankheiten hat das Volk sich in seiner Not an Gott gewandt, um von Ihm Hilfe zu erlangen. Dabei waren die Legenden und Bilder der 14 Nothelfer eine Konkretisierung des Glaubens an Gott als den wahren Arzt unseres Lebens. Das Volk hat nicht nur zu Gott gebetet, daß er die vielfältigen Nöte und Wunden wenden und heilen möge, sondern es hat im Bild der Heiligen die eigenen Wunden angeschaut und sie Gott hingehalten. Und es hat in den Legenden und in den Attributen, die die Kunst den Heiligen zugeordnet hat, Bilder für die Heilung und Verwandlung seiner Wunden erkannt und meditiert.

In den Heiligen verehrt die Volksfrömmigkeit immer Gott selbst, der durch das vielfältige Prisma der Menschen etwas von seinem Heilswirken sichtbar werden läßt. So feiern wir in den 14 Nothelfern letztlich Gott, der uns in unserer Not seine Hilfe anbietet, der unsere Wunden heilt und uns in den Verstrickungen unseres Lebens Vertrauen und Hoffnung auf das Gelingen unseres Weges schenkt. Wenn wir die Attribute der

Heiligen betrachten und ihre Legenden meditieren, so können wir gerade anhand der Nothelfer eine christliche Therapie entwerfen. Die Legenden beschreiben die wichtigsten Verletzungen, wie sie in jeder Therapie zur Sprache kommen. Aber sie zeigen zugleich auch Wege auf, wie diese Verletzungen geheilt werden können. Dabei sehen sie immer Gott als den eigentlichen Arzt für unsere Wunden. Aber es genügt ihnen nicht, nur darauf hinzuweisen, daß Gott auf unser Gebet hin unsere Wunden heilen wird. Sie stellen vielmehr auch die Schritte einer spirituellen Therapie dar. Sie geben an, was der Mensch tun muß, wie er mit seinen Wunden umgehen soll, damit Gott sie heilt. Um die menschlichen Voraussetzungen einer geistlichen Therapie in den Nothelfern zu erkennen, müssen wir ihre Legenden bildhaft verstehen. Man könnte auch sagen, wir müßten sie tiefenpsychologisch auslegen. Für mich war es jedenfalls ein spannender Weg, mich auf die Legenden und Bilder der Heiligen einzulassen und sie auf dem Hintergrund der geistlichen Begleitung vieler Menschen als Heilungswege zu verstehen. Öfter kamen mir im Gespräch mit Menschen, die ich begleite, Bilder der Nothelferlegenden in den Sinn und wiesen mich auf die richtige Spur, wie ich auf die Wunden der Begleiteten reagieren und wie der Weg der Heilung durch Gott verlaufen könnte.

In den Nothelfern werden aber nicht nur die wichtigsten Wunden beschrieben, die uns quälen können, sondern auch Wege von gelungener Menschwerdung aufgezeigt. Die Legenden erzählen ähnlich wie manche Märchen, wie der Weg der Selbstwerdung gehen kann, welche Prozesse wir auf dem Weg unserer Menschwerdung durchmachen müssen. Es werden die typischen Themen behandelt, die jedem begegnen, der sich auf den Weg der Selbstwerdung gemacht hat, etwa das Thema der Schattenbewältigung, der Integration von anima und animus, der Ablösung von Vater und Mutter, der verschiedenen Schwellen, die wir zu überschreiten haben, um auf unserem inneren Weg weiter zu kommen, und das Thema des Todes und der Todesangst, der wir uns stellen müssen, um wahrhaft Mensch zu werden.

Wie es die 14 Nothelfer gibt, so auch 14 Kreuzwegstationen. 14 ist zweimal die 7. Sieben ist eine heilige Zahl, die die Verwandlung des Menschen durch Gott darstellt, wie es die 7 Sakramente oder die 7 Gaben des Heiligen Geistes tun. 14 bedeutet dann, daß zweimal die 7 durchschritten werden muß, damit alles Gegensätzliche im Menschen verwandelt werden kann, damit das Männliche und Weibliche, die Höhen und Tiefen, die Stärken und Schwächen, das Gute und das Böse von Gottes Heil umfaßt werden, damit der Mensch in seiner Polarität von Gottes Liebe durchdrungen und geheilt werden kann. 14 typische Kreuzwegsituationen hat Jesus verwandelt, indem er selbst diese Stationen durchschritten hat. 14 typische Wunden werden in den Nothelfern dargestellt, die Gott auch heute an uns heilen möchte. Die Barockzeit hat die Zahl 14 in vielfacher Hinsicht gedeutet. Da gibt es 14 Auferstehungszeugen, elf Jünger und die drei Marien. Da gibt es den Altar mit 14 goldenen Leuchtern (Offb 1,12) und die 14 Lilien, die am Wasser stehen (Vgl. Sir 50,8). In der protestantischen Tradition werden in einem kindlichen Abendgebet 14 Engel um Hilfe gebeten, die das Bett des Kindes umstehen. Die Zahlensymbolik sieht die Zahl 14 als die Hälfte des Mondmonats an. Sie erkennt die 14 als heilige Zahl in vielen Religionen. Das alte Babylon kannte 14 hilfreiche Götter. Die altgermanische Religion kannte den Gott Wodan mit seinen elf Streitgenossen und den drei Walküren. Augustinus deutet die Zahl vierzehn als geheiligte Zahl, da Jesus am 14. Nisan am Kreuz für uns gestorben ist: „Der Heilige Geist, der im Sichtbaren das Unsichtbare, im Materiellen geistige Geheimnisse andeutet, wollte, daß jener Übergang von einem Leben zum anderen, den man Pascha nennt, am 14. Tag des Mondmonats gefeiert werde. Es sollte dies ... geschehen ... wegen der Abwendung vom Äußeren und der Hinwendung zum Inneren, die durch den Mond sinnbildlich dargestellt wird." (Betz 125)

Die Bilder und Legenden der Nothelfer zeigen konkret, welche Wege Gottes Therapie mit uns gehen möchte. Es ist eine bildhafte Psychologie, die die Volksfrömmigkeit in den 14 Nothelfern entwickelt hat. Geschichten zu erzählen war ja die frühe Form der Psychologie. Indem das Volk sich Legenden erzählte, drückte es seinen Glauben aus, daß Gott sich jeder Wunde zuwenden und sie heilen wird, wenn wir uns an ihn wenden. Mögen uns manche Geschichten allzu wundersam erscheinen, entscheidend ist, daß wir ihre Bildhaftigkeit erkennen und den verborgenen Sinn in den Bildern. Dann werden wir spüren, wieviel Weisheit in diesen Legenden verborgen ist. Die Kunst hat den Heiligen archetypische Symbole und Attribute zugesellt, in denen sie den Weg der Heilung und Verwandlung unserer Wunden dargestellt hat. In diesen Attributen haben die Künstler die Legenden gedeutet und als Wege der Heilung und der Menschwerdung ausgelegt. Wenn wir diese Attribute tiefenpsychologisch auslegen, dann entdecken wir auch in ihnen eine göttliche Therapie. Die Bilder der Kunst sprechen unser Unbewußtes an. Es sind archetypische Bilder, die eine Bewegung in uns auslösen und Heilung nicht nur anzeigen, sondern auch bewirken. In diesem Sinn möchte ich gemeinsam mit Ihnen die Bilder und Legenden der 14 Nothelfer anschauen und meditieren, so daß sie in mir und in Ihnen ihre heilende Wirkung entfalten können.

ZU DEN BILDERN

Aus der Fülle der Darstellungen, die es von den 14 Nothelfern gibt, habe ich mich für zwei verschiedene Stile entschieden, für die spätgotischen Werke Tilman Riemenschneiders und seines Sohnes Jörg und für die frühbarocken Figuren in der Kirche St.Moritz in Estenfeld. Von Tilman Riemenschneider stammt nur die Figur der hl. Barbara. Sie hat ein typisch fränkisches Gesicht, schaut mehr nach innen und sinnt ihren Träumen nach. Das Gesicht zeigt melancholische Züge, wie sie für Tilman Riemenschneider charakteristisch sind. Barbara hat den Abendmahlskelch in ihrer Hand. Riemenschneider stellt sie so vor allem als Priesterin dar, die den Sterbenden durch das Abendmahl stärkt. Der Turm, der sonst für Barbara charakteristisch ist, fehlt hier. Riemenschneider wollte offensichtlich vor allem die Frau darstellen, die aus einer anderen Welt kommt (Barbara = die Fremde) und von dort, vom Himmel her, den Menschen beisteht und sie als Priesterin auf ihrem Weg begleitet und im Sterben tröstet und stärkt.

Das Titelbild, aus dem für die Einzeldarstellungen die hll. Christophorus, Eustachius, Katharina, Ägidius und Georg herausgenommen wurden, stammt von Jörg Riemenschneider, dem Sohn Tilman Riemenschneiders aus der zweiten Ehe mit Anna Rappolt. Alle drei Söhne, die Anna Rappolt ihm in der knapp zehnjährigen Ehe schenkte, erbten das künstlerische Talent des großen Vaters. Hans wurde Bildhauer in Nürnberg, Bartholomäus Maler in Bozen. Jörg arbeitete als einziger in der Werkstatt des Vaters, wohl etwa ab 1515. 1522 ist er schon Meister. Das 14 Nothelferrelief hat er wohl zwischen 1520 und 1530 geschaffen, und zwar für die Kirche des Hofspitals in Würzburg. Es ist heute im Mainfränkischen Museum zu sehen. Von links nach rechts sind da zu sehen: Margarete mit Buch und (verlorenem) Stabkreuz, Eustachius mit Hirschkopf, Achatius (hintere Reihe mit dem vornehmen Hut), Barbara mit Kelch, Erasmus als Bischof (hintere Reihe), Katharina mit dem Schwert und der Krone, Pantaleon mit dem Nagel im Kopf, Christophorus mit dem göttlichen Kind, Vitus als vornehmer Patriziersohn (hinten), der Abt Aegidius mit der Hirschkuh, Bischof Blasius hinter ihm, Georg als Ritter mit dem Drachen, der Diakon Cyriakus (hinten) und vor ihm Bischof Dionysius, der sein abgeschlagenes Haupt in der Hand hält. Der Überlieferung nach hat Johann von Allendorf, der Propst von St. Burkard und Stifter des Spitals, das Relief bei Tilman Riemenschneider in Auftrag gegeben. Aber offensichtlich kam er nicht dazu. So hat es vermutlich sein Sohn Jörg geschaffen.

Alle übrigen Darstellungen stammen aus der Kirche in Estenfeld. Sie wurden wohl um das Jahr 1690 in der alten Pfarrkirche als Kranz aufgestellt. Es gibt drei verschiedene Weisen, wie in Franken die 14 Nothelfer als Kranz dargestellt werden. Entweder bildet Maria die Mitte, um die die Nothelfer sich gruppieren. Oft wird Maria als die 15. oder eigentliche Helferin in allen Nöten verehrt. Oder aber das Jesuskind ist in der Mitte, so wie in Estenfeld. Manchmal ist auch Christophorus besonders groß dargestellt. Er steht ganz unten im Kranz der Nothelfer und trägt das göttliche Kind auf seinen Schultern, so daß es die Mitte der Nothelfer bildet. Ich habe die Figuren aus Estenfeld gewählt, weil sie in ihrer volkstümlichen Art den Glauben des Volkes an die 14 Nothelfer ausdrücken. Sie haben alle einen lebendigen und frischen Ausdruck. Und vor allem werden sie mit den für sie typischen Attributen dargestellt. Die Figuren von Estenfeld sollen stellvertretend für die 108 Darstellungen der 14 Nothelfer stehen, die Rose und Herbert Voßmerbäumer für das zentrale Unterfranken ausgemacht haben. In den Landkreisen um Würzburg herum gibt es 61 Bildstöcke, die die 14 Nothelfer darstellen, 24 Kränze (ähnlich wie der in Estenfeld), 16 Gemälde und 7 sonstige Darstellungen. Die meisten Darstellungen entfallen auf den Zeitraum zwischen 1700 und 1800. Sie zeugen von der Beliebtheit der 14 Nothelfer beim fränkischen Volk. Die Deutung der Bilder und Legenden der 14 Nothelfer in diesem Buch soll dazu beitragen, daß die Touristen, die die Bildstöcke und Kränze bewundern, auch verstehen, was die Künstler mit diesen Bildern ausdrücken wollten, und daß die Einheimischen nicht achtlos an den Bildern ihrer Umgebung vorübergehen, sondern den Reichtum an spiritueller und menschlicher Weisheit in ihnen entdecken.

DER HEILIGE ACHATIUS

Der Engel in unserer Todesangst

In der Verehrung des hl. Achatius sind verschiedene Heilige vermischt worden. Da ist einmal Achatius aus Konstantinopel, der unter Diokletian um das Jahr 300 starb. Er wird am 8. Mai verehrt. Dann ist Achatius aus Armenien, der als Märtyrer zwischen 117 und 135 zusammen mit den 10.000 Soldaten gekreuzigt worden ist. Er wird am 22. Juni gefeiert. Seine Legende ist vor allem von den Kreuzfahrern immer wieder erzählt worden. Sie ist aber mit ihren archetypischen Bildern auch heute noch modern. Achatius wird dargestellt mit einem dornigen Zweig oder Ast oder mit einer Dornenkrone auf dem Kopf, wie hier auf dem Bild. Oft hält er ein großes Kreuz, das auf seinen eigenen Tod am Kreuz hinweist. Manchmal wird er auch mit einer Palme, einer Lanze oder einem Schwert dargestellt. Der Künstler von Estenfeld hat ihm ein überlebensgroßes Kreuz beigegeben.

Nach der Legende war Achatius Anführer eines kaiserlichen Heeres von 9.000 Soldaten, das von Kaiser Hadrian ausgesandt worden war, um die Aufständischen in Armenien zu unterwerfen. Doch die traten ihnen mit 10-facher Übermacht entgegen. Als alle Soldaten Angst bekamen und fliehen wollten, erschien dem Achatius ein Engel des Herrn, der ihm verkündete, er würde mit seinen Soldaten siegen, wenn sich alle zum Christentum bekehren würden. Das taten sie und so besiegten sie mit Gottes Hilfe den Feind. Der Himmel öffnete sich über ihnen und 7 Engel stiegen zu ihnen herab und redeten ihnen Mut zu. Sie würden sie begleiten und über sie wachen. Als Kaiser Hadrian hörte, daß sie zum Christentum übergetreten waren, schickte er 7 Barbarenkönige mit ihren Heeren, um sie zum Abfall zu bewegen. Aber es gelang ihnen nicht. Als man sie steinigen wollte, flogen die Steine zurück auf die, die sie schleuderten. Als man sie geißeln wollte, verdorrten die Hände der Geißler. „Schließlich sandte Hadrian den Befehl, daß man sie genauso leiden lassen sollte wie den Gekreuzigten, den sie anbeteten. Da krönte man sie mit scharfen Dornen und durchbohrte ihre Seiten mit spitzen Ästen. Von den heidnischen Soldaten, die das mitansahen, traten weitere tausend aus ihren Reihen zu den Märtyrern und bekehrten sich zu Christus, so daß ihre Zahl nun zehntausend war. Dann schlug man sie alle an Kreuze am Berge Ararat." (Melchers 385) Sie wurden zur 6. Stunde gekreuzigt, genau wie Jesus. Auch die Umstände glichen der Kreuzigung Jesu. Die Sonne verfinsterte sich und die Erde bebte. Die Märtyrer beteten um die Gnade, „daß allen, die ihr Andenken feierten, Gesundheit des Leibes und der Seele und alle Güter verliehen werden sollten" (Ebd 385). Vom Himmel her hörten sie eine Stimme, die ihnen die Erhörung versprach. Seither werden Achaz und seine Gefährten angerufen in schweren Krankheiten und in Todesangst und zur Stärkung in Zweifeln.

Ich möchte nur ein paar Bilder aus dieser Legende betrachten. Da ist das Bild des Heerführers, der die Feinde besiegt. Wenn sich die Soldaten zu Christus bekehren, werden sie die Feinde überwinden. Christliches Leben wird hier als Kampf geschildert. Die Legende illustriert, was der Epheserbrief sagt: „Zieht die Rüstung Gottes an, damit ihr den listigen Anschlägen des Teufels widerstehen könnt." (Eph 6,11) Der Christ muß sich wehren gegen die inneren Feinde, die ihn angreifen. Er braucht den Kampfesmut eines hl. Achatius. Die Legende erzählt, daß die Steine, die die Feinde gegen die Soldaten werfen, auf sie zurück fliegen. Die Aggressionen der andern können uns nicht schaden, wenn wir die Waffenrüstung Gottes angezogen haben. Wenn wir in Christus unsern Grund haben, dann können uns die aggressiven Pfeile der Menschen um uns herum nicht erreichen. Sie prallen ab und wenden sich gegen den, der sie abgesandt hat. Das Verankertsein in Christus ist wie ein Schutzschild, durch den die Verletzungen der andern nicht dringen können. Die verdorrten Hände derer, die die Soldaten geißeln wollten, zeigen, daß uns die Verletzungen nicht treffen, wenn wir unsern Grund in Christus haben, wenn wir uns wie die christlichen Soldaten von den Engeln Gottes umgeben wissen. Die Engel spielen in der Legende des Achatius eine wichtige Rolle. Sie begleiten ihn, schützen ihn und nähren ihn. Die Engel drücken aus, daß Gott selbst uns auf all unsern Wegen begleitet, daß er uns mit seiner liebenden Gegenwart schützend umhüllt und daß er unsern tiefsten Hunger stillt, daß Gott der wahrhaft nährende ist. Die Engel geben den Soldaten das Vertrauen, mitten in einer feindlichen Umgebung doch unverletzt zu bleiben. Und sie führen sie zur Vollendung, wie die Zahl zehntausend es symbolisiert. Zehntausend ist ein Bild der Ganzheit. Wenn ich auf den Engel höre, der mich begleitet, dann führt er mich zu dem Bild, das Gott sich von mir gemacht hat, dann läßt er mich heil werden und ganz. Dann werden die 10.000 Soldaten in mir, dann werden die verschiedenen Kräfte und Bedürfnisse in mir nicht gegeneinander kämpfen, sondern zu einer großen Einheit, zu einem geschlossenen Heer, das alle Feinde abwehren kann.

Achatius wird bei Todesangst angerufen. Die Legende beschreibt, wie die 10.000 Soldaten sich nicht gegen den Tod wehren. Sie nehmen den Tod in Gemeinschaft mit Christus auf sich. Sie sterben wie Christus um dieselbe Stunde und in der gleichen Weise. Ihr Tod wird zum Triumph ihres Glaubens. Hier wird die Todesangst thematisiert. Die Heiligen haben die Todesangst im Vertrauen auf die Engel Gottes überwunden, die ihnen verheißen haben, daß sie über sie wachen und ihnen beistehen. Das ist ein Urbild der göttlichen Hilfe, daß Engel kommen, um uns im Tod beizustehen und uns hinüberzuführen in das Reich des Lebens und des Lichtes. Die Engel, die in der Legende eine so zentrale Rolle spielen, sind auch heute wieder neu in unser Bewußtsein gerückt. Für viele ist Gottes Hilfe zu abstrakt. Sie können sich nicht vorstellen, daß Gott in ihr Leben eingreift. Aber daß Gott Engel schickt, die uns beschützen und die uns auch im Tod zu Hilfe kommen und uns zu Gott geleiten, dafür haben wir heute durchaus Verständnis. Die Engel sind ähnlich wie die 14 Nothelfer Bilder für den nahen Gott, für den Gott, der hineinkommt in unsere Angst, in unsere Not. Es ist ja interessant, daß in der evangelischen Frömmigkeit 14 Engel die Funktion der 14 Nothelfer übernehmen. Sie wachen über uns, wenn wir schlafen. Und sie werden uns auch zu Gott führen, wenn wir sterben.

Die Verehrung des hl. Achatius zeigt uns, daß die Todesangst durchaus auch Christen befallen kann. Es ist eine Urangst, die man auch durch Vertrauen auf Gott nicht einfach beiseite schieben kann. Der Schritt ins Ungewisse und Unbekannte macht Angst. Manche erfaßt im Augenblick des Sterbens eine große Unruhe. Es ist nicht immer die Angst vor der Verdammung, sondern oft genug einfach die Angst vor den Schmerzen, die einem die Besinnung rauben können. Oder es ist die Angst vor der Ohnmacht des Todes, vor dem Loslassen des ganzen Lebens und vor dem Erscheinen vor Gott. Da ist es tröstlich, daß ein Engel erscheint und uns zu

Gott geleitet, damit wir nicht allein vor ihm erscheinen müssen, sondern beschützt und bewacht von unserem Engel, der mit uns vertraut ist. Der Engel ist ein Bild für den nahen Gott und zugleich ein Bild für die spirituelle Dimension unserer Seele. Der Engel ist um uns, aber er ist auch in uns. Der Engel in uns führt uns im Tod zu Gott. Wir werden im Tod nicht zerfallen. Der Engel in uns hält uns zusammen und führt uns in die Vollendung bei Gott.

Der hl. Achatius wird mit dem Dornstrauch oder der Dornenkrone dargestellt, manchmal auch mit einem dürren Ast. Das wird aus der Legende verständlich, die erzählt, daß er mit Dornen gestochen wurde. Die Dornen können aber auch Bild sein für das Wertlose, Verdorrte, Ausgebrannte, Unbrauchbare in uns. Der dürre Ast stellt die gleiche Befindlichkeit dar. Wir sind oft verdorrt und leer geworden, wir sind innerlich wie äußerlich ausgetrocknet. Wir haben unsere Fruchtbarkeit eingebüßt. Gott, so sagt uns das Bild des hl. Achatius, kann wieder neues Leben in uns aufblühen lassen, wenn wir wie der Heilige unser Vertrauen auf Ihn setzen, wenn wir den hl. Engeln trauen, die Gott immer wieder zu uns sendet, gerade dann, wenn alles aussichtslos für uns geworden ist, wenn alles Leben abgestorben ist. Der Gott, der seine Heiligen durch den Tod hindurch zum wahren Leben führt, will uns auch schon hier auf Erden wahres Leben schenken. Wenn wir uns in unserer Ohnmacht an Gott wenden, dann wird er den dürren Ast in uns zum Blühen bringen, dann werden – wie es die Legende von Maria ausmalt – unsere Dornen Rosen tragen, dann werden wir bei aller Dürre und Trockenheit doch zu ganzen Menschen, wie es die Zahl 10.000 symbolisiert.

Achatius wird als Nothelfer beim Streit um Gerechtigkeit angerufen. Das können die vielen Erbschaftsstreitigkeiten sein, bei denen Geschwister und Verwandte sich oft nicht gegenseitig gerecht werden. Das kann die Auseinandersetzung sein um gerechte Güterverteilung zwischen den Völkern. Das können die täglichen Konflikte sein, die uns verletzen und unser Recht auf Leben einschränken. Achatius hat nicht auf seinem Recht bestanden, weil er sich als Sohn Gottes fühlte. Gott ist es, der ihm Recht verschafft. Darum braucht er nicht auf menschliches Recht zu pochen. Er gibt sein Recht auf Leben nicht aus Schwäche auf, sondern aus der Position der Stärke heraus, weil er sich eben in Gott gegründet weiß. Wenn Menschen den hl. Achatius im Streit um Gerechtigkeit anrufen, dann erahnen sie, daß es für sie noch ein anderes Recht gibt als das menschliche. Es gibt das göttliche Recht auf Leben, das göttliche Recht auf meine Ehre und Würde, das mir niemand rauben kann. Das schenkt mir Freiheit gegenüber allen menschlichen Auseinandersetzungen um Recht und Gerechtigkeit.

DER HEILIGE AEGIDIUS

Die Wunde offen halten

Aegidius ist der einzige Nothelfer, der nicht den Märtyrertod gestorben ist. Sein Name kommt aus dem Griechischen und heißt „Schildträger". Die Legenda aurea deutet seinen Namen jedoch ganz anders: „Aegidius kommt von e, das heißt ohne; und geos: Erde; und dyan: leuchtend, oder: göttlich. Denn er war ohne Erde, da er das Irdische verschmähete; er war leuchtend in großer Weisheit; göttlich durch die Liebe, die den Liebenden dem Geliebten gleich macht." (Legenda aurea 666) Aegidius ist einer der volkstümlichsten Heiligen. „Seine Fürbitte wird angerufen bei Aussatz, Pest, Krebs, Irrsinn, ehelicher Unfruchtbarkeit, bei Dürre, Sturm, Feuersbrunst, Unglück, Menschenfurcht, in großer geistiger Not und Verlassenheit, für eine gute Beichte, von stillenden Müttern, von Krüppeln." (Melchers 557) Sein Fest wird am 1. September gefeiert. Gestorben ist er um das Jahr 720 in Gallien. Dargestellt wird er oft im Benediktinerhabit, manchmal auch mit Mitra. Er trägt oft ein Buch in der Hand als Zeichen für die Regel, nach der er gelebt hat. Manchmal trägt er auch einen Abtsstab. Immer wird er dargestellt mit der Hirschkuh, die bei ihm Schutz sucht. Manchmal steckt auch ein Pfeil in seiner Brust oder in seinem Schenkel. Jörg Riemenschneider hat ihn mit dem Buch in der Hand dargestellt und mit der Hindin, die seine Hand leckt, als Zeichen dafür, daß sie sich von ihm umsorgt und geschützt weiß. Sein Gesicht ist nach innen gekehrt, Bild für den Einsiedler, der in der Meditation Gott sucht.

Nach der Legende war Aegidius Grieche und stammte aus Athen. An der Rhonemündung lebte er in der Einsamkeit, an einer Stelle, die mit Sträuchern und Bäumen dicht bedeckt war. Eine Hirschkuh brachte ihm täglich Milch und nährte ihn so. Auf einer Jagd kam der Gotenkönig Flavius vorbei und sah die Hirschkuh. Von den Hunden des Königs verfolgt suchte sie bei Ägidius Zuflucht und legte sich zu seinen Füßen. Die Hunde konnten nicht näher als einen Steinwurf an sie herankommen. Dann mußten sie wieder umkehren. Als man das dem König berichtete, merkte er, daß das nicht mit rechten Dingen zuginge. So kam er mit dem Bischof von Nimes, um der Sache nachzugehen. Als nun die Hunde wieder unverrichteter Dinge zurückkamen, schoß ein Jäger einen Pfeil, um das Tier herauszulocken. Damit traf er Aegidius am Schenkel und verwundete ihn schwer. Als die Jäger durch das Gebüsch vordrangen, fanden sie Aegidius aus der Wunde blutend dasitzen und zu seinen Füßen die Hirschkuh. König und Bischof gingen auf ihn zu und fragten, wer er sei. Er erklärte ihnen den Grund seines Hierseins und seiner Wunde. Da baten sie ihn um Verzeihung und versprachen ihm, einen Arzt zu schicken. Doch Aegidius lehnte dies ab, er brauche für seine Wunde keine irdische Arznei. Er bat Gott, daß die Wunde bis zu seinem Tode bliebe, damit Gottes Gnade in seiner Schwachheit vollendet würde. So blieb er verwundet bis zu seinem Lebensende.

Die Legende zeigt in schönen Bildern den spirituellen Weg, der uns zugleich auch zum wahren Selbst führt. Aegidius wird von einer Hirschkuh mit Milch genährt. Er hat also eine positive Beziehung zu seiner Vitalität. In der Einsamkeit ist er nicht allein, sondern die mütterliche Hirschkuh ist bei ihm und nährt ihn. Die Tiere sind in den Märchen immer Bilder für die Vitalität und Sexualität und für den Bereich der Instinkte und der Natur. Das geistliche Leben hat Aegidius der Natur nicht entfremdet, sondern ihn in Einklang mit ihr und mit ihrer schöpferischen und nährenden Kraft gebracht. Milch ist ein Bild der Unschuld. Und sie ist göttliche Speise. Die göttliche Speise wird ihm durch ein Tier gereicht. Das zeigt die Einheit von Geist und Trieb, von Gott und Schöpfung, von Vitalität und Spiritualität. Die Hunde, die die Hirschkuh verfolgen, können über den heiligen Bezirk, der um Aegidius unsichtbar gezogen ist, nicht hinaus. Sie können nicht in den heiligen Raum eindringen, der von Gottes heilender und nährender Gegenwart geprägt ist. Die Hunde stellen oft auch die Weisheit der Natur dar. Hier aber sind es Jagdhunde, die die Hirschkuh reißen wollen. Es ist die aggressive Kraft der Vitalität, die auch zerstörerisch wirken kann. Aber dort, wo Gott in uns wohnt, haben die Hunde keinen Zutritt. Dort sind wir auch im Einklang mit der Vitalität und Sexualität. Dort können die Triebe uns nicht verletzen.

Zwei Nöte sind es, die vor allem mit Aegidius verbunden werden, Aussatz und Krebs und die Bitte um eine gute Beichte. Bei Krebs wird er offenbar angerufen wegen seiner offenen Wunde, die er bis zu seinem Tod behalten wollte, um immer von neuem an Gottes Gnade erinnert zu werden. Krebs ist heute die Krankheit, vor der die meisten Menschen Angst haben. Denn es ist eine heimtückische Krankheit, die jeden befallen kann. Und oft genug weiß man nicht, woher sie kommt. Es gibt viele Erklärungsversuche, angefangen von den Einflüssen der Ernährung, der Umwelt, des Rauchens, bis hin zu psychologischen Theorien, daß Krebs manchmal verdrängter Groll sein kann. Aber alle Erklärungsversuche können uns nicht vor dem Krebs schützen. Es ist kein Kraut gegen Krebs gewachsen. Wir können noch so im Einklang mit uns leben, wie es der Einsiedler Aegidius getan hat. Wir sind trotzdem nicht vor dem Pfeil geschützt, der in der Legende von einem Jäger aus Versehen abgeschossen wird. Die Botschaft, die uns Aegidius sagen will, lautet, daß uns auch die Wunde des Krebses nicht von Gott trennen kann. Aegidius ist auch mit seiner Wunde im Einklang mit Gott und im Frieden mit sich selbst. Entscheidend ist, daß wir uns mit unserer Wunde des Krebses Gott hinhalten. Gott kann uns – wie es die Legende in manchen Fassungen sagt – eine himmlische Arznei schicken, die die Wunde heilt. Er kann aber auch die Wunde offen lassen. Dann soll sie uns immer an Gott erinnern, dem unsere tiefste Sehnsucht gilt. Wenn uns die Beziehung zu Gott das Wichtigste in unserem Leben ist, dann ist es nicht mehr so wichtig, ob wir krank oder gesund sind, dann relativiert sich die Wunde des Krebses. Wir sind auch verwundet ganz und gar auf Gott gerichtet. Ja, die Wunde kann uns sogar für Gott öffnen und uns ständig daran erinnern, daß wir mit unserer ganzen Existenz auf ihn verwiesen sind. Aegidius will uns lehren, daß wir uns mit unserer Wunde, mit unserer Krankheit, aussöhnen sollen. Die offene Wunde soll uns daran erinnern, daß Gottes Gnade in unserer Schwachheit zur Vollendung kommt. Es ist nicht so wichtig, ob wir gesund oder krank sind, ob wir lange oder nur kurz leben, entscheidend ist, daß wir durchlässig sind für Gottes Gnade und Liebe, daß Gottes Liebe durch uns hindurchscheint. Durch Aegidius ist Gottes Sanftmut und Zärtlichkeit, Gottes Liebe und Menschenfreundlichkeit aufgeleuchtet. Die Menschen waren fasziniert von seiner liebenden Ausstrahlung. Die Wunde hat ihn nicht an dieser Ausstrahlung gehindert, sondern im Gegenteil. Die Wunde hat ihn dafür geöffnet, daß durch alle Poren seines Leibes hindurch Gottes Liebe für die Menschen erfahrbar wurde. Aegidius lädt uns ein, auch unsere Wunde offen zu halten, damit Gottes Gnade in uns einströmen kann, daß Gottes Kraft in unserer Schwachheit zur Vollendung kommt. Die offene Wunde soll uns gerade den Menschen gegenüber öffnen, die zu uns kommen, damit sie durch uns etwas von Gottes Güte und Zärtlichkeit erfahren.

Der Aussatz, bei dem der hl. Aegidius angerufen wurde, weist oft auf das hin, was ein Mensch an Unangenehmen und Unreinem verdrängt hat. Was er nicht wahrhaben will, das tritt in der Haut nach außen. Was er bisher zurückgehalten hat, das durchbricht nun alle Unterdrückung und macht sich auf der Haut sichtbar. So muß er es anschauen. Oft zeigt der Aussatz auch, daß sich jemand nicht annehmen kann. Er möchte anders sein, als er in Wirklichkeit ist. Er möchte all das ausschließen, was mit seinem Selbstbild nicht übereinstimmt. Der hl. Aegidius war mit sich im Einklang. Er hat nicht nur mit sich selbst in Frieden gelebt, sondern auch mit den Tieren. Die Tiere sind immer Symbol für die Triebe, für die Sexualität. Die Akne bei Pubertierenden ist oft Ausdruck ihrer verdrängten Sexualität, die aber nun mit Gewalt nach außen drängt. Aegidius hat sich in seiner Einsamkeit mit allem ausgesöhnt, was er in seinem Innern fand. Er hat auch seine Sexualität in seine Beziehung zu Gott integriert. Das zeigt die Hirschkuh, die bei ihm Zuflucht sucht.

Die Haut ist ein sehr sensibles Organ. Mit ihr nehmen wir Kontakt auf zur Umwelt. Der eine hat ein dickes Fell, der andere eine dünne Haut. Ihm geht alles unter die Haut. Viele leiden heute an Neurodermitis. Sie haben oft Angst, sich den andern mit ihrer Haut zu zeigen, wie sie sind. So haben sie oft Probleme, das für sie angemessene Verhältnis von Nähe und Distanz zu finden. Das Kratzen und Jucken ist oft Ausdruck einer hohen Aggressivität, die sich aber nicht auf andere, sondern auf sich selbst richtet. Oft ist eine Hauterkrankung auch Ausdruck, daß man sich nicht wohl in seiner Haut fühlt. Die Legende des hl. Aegidius gibt eine Antwort auf die Problematik, die Hautkrankheiten anzeigen. Der Einsiedler fühlt sich wohl in seiner Haut. Er ist mit sich im Einklang. Und er kann sich abgrenzen. Er hat sich ja zurückgezogen und weder der König, noch die Jäger mit ihren Hunden können in den inneren Bereich eindringen. Gott selbst hat einen Schutzbezirk um ihn aufgebaut, in den feindliche Aggressionen nicht vorstoßen können. Das sind die Wege, auf der auch wir Heilung unserer Hautkrankheiten von Gott erhoffen dürfen. Wir wenden uns mit unserer Wunde an Gott. Aber wir lernen auch von Aegidius, was wir selbst tun können, daß wir im Gebet Ja sagen lernen zu allem, was in uns ist, und daß wir im Gebet einen Schutzraum erfahren, den niemand zerstören kann. Aegidius wird von der Hirschkuh genährt. Er erfährt seine Vitalität und Sexualität als nährende Quelle und nicht als feindliche Macht, die er unterdrücken muß. Das ist wohl auch ein entscheidender Weg, uns in unserer Haut wohl fühlen zu können.

Das zweite Thema, das die Menschen seit jeher mit Aegidius verbinden, ist die Bitte um eine gute Beichte. Es ist also das Thema der Schuld. Ob wir wollen oder nicht, wir werden immer wieder in Schuld geraten, so wie der Jäger, der eigentlich die Hirschkuh aus dem Dickicht hervorlocken wollte und mit seinem Pfeil den Heiligen getroffen hat. Heute ist das Thema der Schuld zwar nicht mehr im Mittelpunkt wie etwa zur Zeit Luthers, den die Frage quälte: Wie kriege ich einen gnädigen Gott? Aber die Psychologen erfahren in der Therapie zur Genüge, wie sehr unter der Oberfläche einer schuldfreien Gesellschaft die Menschen doch von Schuldgefühlen geplagt werden. Da sind Schuldgefühle, weil sie andere verletzt haben, weil sie die Erwartungen anderer nicht erfüllt haben, weil sie an sich selbst vorbei gelebt haben. Die Therapie wird zum Ersatz für den Beichtstuhl. Dort wird die Schuld bekannt, die man früher in der Beichte vor Gott gebracht hat. Schuld muß ausgesprochen werden, damit wir damit umgehen können, damit wir sie loslassen können. Wir brauchen die Erfahrung, daß sie uns vergeben wird. Nur dann können wir sie uns selbst vergeben. Der Jäger, der Aegidius verwundet hat, bittet inständig um Verzeihung. Der Heilige betet auf den Knien, daß dem Jäger seine Schuld nicht angerechnet werde. Er vertieft nicht seine Schuldgefühle. Er macht ihm keine Vorwürfe, sondern er betet für ihn. Von seiner Seelengröße beeindruckt empfehlen sich alle dem Gebet des frommen Mannes. In der Nähe dieses Mannes mit seinem weiten Herzen haben sie den Mut, ihre eigene Schuld einzugestehen. Und zugleich fassen sie das Vertrauen, daß ihre Schuld vergeben sei. Sie fühlen sich wohl in solcher Liebe. Da wissen sie sich angenommen. Die Vergebung meiner Schuld erfahre ich in der Nähe von Menschen, die mich bedingungslos annehmen, die darauf verzichten, mir Moralpredigten zu halten, die vielmehr die bedingungslose Liebe Gottes ausstrahlen und mir so die Gewißheit geben, daß ich mit allem, was in meinem Leben schuldhaft ist, von Gott ganz und gar angenommen bin.

DIE HEILIGE BARBARA

Die Priesterin für Gefangene und Sterbende

Die hl. Barbara ist eine im Volk sehr beliebte Heilige. Sie gilt als Patronin der Bergleute. Angerufen wird sie vor allem für die Sterbenden und als Trösterin für die Gefangenen. Barbara – so glaubt das Volk – wird die Sterbenden sicher an den Thron Gottes führen. Sie wurde im Jahre 306 enthauptet. Am Fest der hl. Barbara, am 4. Dezember, stellt man seit alters Kirschzweige ins Wasser, die dann zu Weihnachten erblühen. Sie ist eine Botin der Hoffnung in der Adventszeit. Sie möchte auch unser Leben mitten im Winter zur Blüte bringen. Mitten in der Kälte unserer Zeit will uns Barbara daran erinnern, daß Gottes Milde und Güte unser Herz erwärmen und neues Leben in uns wecken möchten. Barbara wird meistens mit dem Turm dargestellt und mit dem Abendmahlskelch. Manchmal ist auf dem Kelch noch die Hostie abgebildet, so wie es wohl auf dem Relief von Jörg Riemenschneider war. Dort ist die Hostie jedoch abgebrochen. Tilman Riemenschneider verzichtet auf den Turm. Er beschränkt sich auf den Kelch, um Barbara als die priesterliche Frau darzustellen, als die Frau, die uns einweisen möchte in das Geheimnis Gottes und in das Geheimnis unseres Lebens und Sterbens.

Die Legende der hl. Barbara ist voller Symbolik. Barbara heißt vom Wort her „Ausländerin, Fremde". Sie gehört nicht dieser Welt an, sie stammt von jenseits, von der himmlischen Welt. Sie ist fremd in dieser Welt. Sie läßt sich nicht in die Maßstäbe dieser Welt pressen. Als Fremde ist sie zugleich die freie Frau und die unverstandene Frau. Es bleibt in ihr ein Geheimnis, das wir nicht verstehen können. Sie verweist uns auf das Geheimnis Gottes, der uns immer auch fremd und unverständlich bleiben wird. Und sie gibt uns Mut, das Fremde und Unbekannte in uns selbst anzuschauen und anzunehmen. Wir werden nur dann heilig, heil und ganz, wenn wir uns auch dem Fremden und Unbewußten in uns stellen. Auf dem Weg der Selbstwerdung werden wir immer wieder auf das in uns gestoßen, was wir nicht verstehen. Es zu integrieren, dazu lädt uns Barbara ein.

Barbara ist die Tochter eines wohlhabenden Griechen. Da die Tochter sehr schön ist, sperrt sie der Vater in einen Turm ein, damit ihr niemand schaden kann. Er möchte sie dem jungen Mann zur Frau geben, den er selbst für sie wählt. Aber je mehr der Vater die Tochter bewahren und im Turm seiner eigenen Vorstellungen festhalten möchte, desto mehr entreißt sie sich seinem Einfluß, desto selbständiger wird sie. Als der Vater auf Reisen geht, denkt Barbara in ihrem Turm über vieles nach. In ihrem Denken ist sie frei. Da läßt sie sich vom Vater nicht bestimmen. Sie schreibt christlichen Gelehrten und läßt sie zum Gespräch kommen. Gerade das, was der Vater verhindern wollte, geschieht. Sie bekehrt sich zum Christentum. Als Zeichen dafür läßt sie in das Badezimmer, das zwei Fenster hat, noch ein drittes durchbrechen, um ihren Glauben an den dreifaltigen Gott auszudrücken, der mit ihr in ihrem Turm wohnt. Der Vater, der die Tochter einsperrt, kann nicht verhindern, daß Gott zu ihr kommt und ihren Turm öffnet, ihren engen Horizont weitet. Gott ist der, der sie befreit von der Enge des Vaters.

Als der Vater heimkommt, erkennt er an den drei Fenstern sofort, daß Barbara Christin geworden ist. Er zwingt sie, vom Glauben abzufallen. Als sie das verweigert, will er sie töten. Sie flieht ins Gebirge und verbirgt sich in einer Höhle. Höhle ist ein Bild für den mütterlichen Bereich. Sie gerät aus dem Bannkreis des Vaters in den schützenden Bereich der Mutter. Doch ein Schafhirt verrät Barbara an den Vater. Der liefert sie dem Statthalter aus. Die Wirkung des Vaters ist offensichtlich stärker als die der schützenden Mutter. Doch die Geschichte erzählt, wie Barbara sich auch dem zerstörerischen Einfluß des Vaters entzieht. Das Mädchen weigert sich, die Götter anzubeten und wird grausam gefoltert. Doch in der Nacht kommen Engel und pflegen sie wieder gesund. Sie wird nackt durch die Straßen der Stadt getrieben und mit Ruten geschlagen. Doch die Ruten verwandeln sich in Pfauenfedern, die sie bedecken. Die Aggressionen der Menschen können ihr nicht schaden. Im Gegenteil, je mehr die Henker sie schlagen, desto schöner wird sie geschmückt mit Pfauenfedern. Im Kerker besucht sie ein Engel und bringt ihr das Abendmahl als letzte Wegzehrung.

Schließlich wird sie zum Tod durch Enthaupten verurteilt. Der eigene Vater enthauptet sie. Doch kaum hat er das getan, wird er von einem Blitz erschlagen.

Die Legende ist hochaktuell. Sie zeigt, wie Barbara ganz sie selbst wird, wie sie in Freiheit ihren Weg geht. Auch wenn der Vater sie noch so sehr in seine Vorstellungswelt hineinpressen möchte, so hat er doch keine Macht über sie. In der Legende ist die Vaterproblematik sehr stark betont. Sie kommt in der Geschichte einiger Nothelfer vor. Der Vater läßt die Tochter oder den Sohn nicht den eigenen Weg gehen. Er möchte den Weg selbst bestimmen. Vor allem hält er die Tochter oder den Sohn ab, an Christus zu glauben. Er kann offensichtlich nicht vertragen, daß die eigenen Kinder sich an einen wenden, der über ihm steht. Er möchte für seine Kinder selbst so etwas wie Gott sein, unangreifbar, bestimmend und beherrschend. Der Glaube ist für Barbara der Weg, ihr ureigenstes Bild zu entdecken, das Bild, das Gott sich von ihr gemacht hat. Dieses Bild befreit sie von dem Bild, das ihr Vater ihr übergestülpt hat und in das er sie mit Gewalt pressen möchte. Es ist ein negatives Vaterbild, das diese Legende zeichnet. Zuerst erscheint der Vater als der Sorgende, der aber seine Sorge auch mit Macht und Autorität verbindet, der die Tochter nicht widersprechen darf. Zuletzt erscheint der Vater als der Tötende und Zerstörende. Aber er hat keine Macht über seine Tochter, selbst als er sie enthauptet. Denn sie steht zum wahren Leben auf. Er kann sie nicht verletzen, denn Gott selbst sorgt für sie und schickt seine Engel, die die Wunden Barbaras heilen und ihre Schönheit immer wieder von neuem aufstrahlen lassen. Die beiden Nöte, in denen Barbara als Nothelferin angerufen wird, das Sterben und die Gefangenschaft, haben beide mit der Vaterproblematik zu tun. Der Vater ist der, der die Tochter gefangenhält und der sie nicht losläßt. Dieser Welt des Vaters zu sterben ist der Weg zu wahrer Freiheit.

Barbara wird mit einem Turm dargestellt und mit dem Abendmahlskelch, manchmal auch mit Krone, Palme, Buch und Schwert. Der Turm ist ein Bild menschlicher Selbstwerdung. Der Turm symbolisiert die festen Fundamente, auf die unser Leben gestellt ist. Wir gründen in der Erde, im Erdhaften, Vitalen. Und unser Turm reicht bis zum Himmel, bis in den göttlichen Bereich hinein. Himmel und Erde gehören zu unserem Leben. Der Turm ist rund, ein Bild für Ganzheit. Und der Turm hat drei Fenster, ein Bild für den dreifaltigen Gott, der mit uns und in uns wohnt. So ist der Turm der hl. Barbara ein Bild für die Kontemplation. Kontemplari heißt ja, zusammen im Tempel wohnen. Gott wohnt mit uns zusammen im Turm unseres Lebens. Und er macht unsern Turm weit und offen. Er verbindet uns mit der ganzen Welt, die wir von oben her in ihrer eigentlichen Wahrheit erkennen. Der Abendmahlskelch, mit dem Barbara auch dargestellt wird, erinnert an den Kelch, den ihr der Engel gereicht hat. Der Kelch ist ein altes weibliches Symbol. Die Frau ist die nährende Mutter. Goldblonde Jungfrauen in den keltischen Sagen reichen den Helden einen stärkenden

Zaubertrank aus einem goldenen Kelch, damit sie sicher weiterziehen können. Barbara mit dem Kelch erinnert auch an die Gralshüterin, die den Kelch des Abendmahles in ihren Händen hält. Barbara ist so ein personifizierter Aspekt der göttlichen Mutter. Barbara wird mit grünen Gewändern dargestellt. Grün ist die Farbe der göttlichen Schöpferkraft. Und grün ist die Farbe der Versöhnung und der ewigen Barmherzigkeit. Sie symbolisiert die Wiedererneuerung allen Lebens. Daher werden die Barbarazweige an ihrem Fest ins Wasser gestellt. Hier wurde ein ursprünglich heidnischer Brauch christianisiert. Man schnitt Zweige, damit sie bis zur Wintersonnenwende blühen. Für die Christen wurde das zum Bild dafür, daß in uns die Frucht Christi erblühen wird, wenn wir wie Barbara in der Stille des Advents nach innen schauen und dort nach dem Licht suchen, das unser Leben erleuchtet. Barbara ist die Verheißung Gottes an uns, daß er auch unsere Unfruchtbarkeit verwandeln und daß seine schöpferische Kraft auch in uns fließen wird, so daß wir in unserer ursprünglichen Schönheit aufblühen werden.

Barbara ist die Patronin der Sterbenden. Sie nimmt uns die Angst vor dem Sterben. Ihre Legende zeigt uns, daß wir keine Angst zu haben brauchen vor den Schmerzen des Todes, weil auch zu uns Engel kommen werden, die unsere Wunden verwandeln und heilen. Auch wenn ihr eigenes Sterben grausam war, so blieb sie doch innerlich souverän und bis zuletzt die schöne und unbesiegbare Frau. Sie zeigt uns, daß wir im Tod in die mütterlichen Arme Gottes sterben werden und nicht in die Kälte eines fremden Kerkers. Barbara, die schöne Frau, die nährende Frau, die lebendige und schöpferische Frau, zeigt uns das mütterliche Antlitz Gottes, der neues Leben in uns hervorbringt, wenn das irdische Leben zu Ende geht. Und Barbara zeigt uns, daß der Tod eine Neugeburt ist, daß wir aus dem Mutterschoß Gottes zum wahren, zum ewigen Leben geboren werden. Barbara, die uns im Sterben den Kelch des Abendmahles reicht, ist die priesterliche Frau. Sie vermittelt uns den zärtlichen Gott. Und sie zeigt uns auch, daß Eucharistie immer Ausdruck der zärtlichen Liebe Christi ist, der in unsern Kerker eintritt, um uns mit seiner Liebe zu erfüllen. Die Künstler, die Barbara mit dem Abendmahlskelch und Hostie darstellen, beantworten die Frage, ob Frauen Priesterinnen werden können, längst vor der Diskussion unserer Tage. Für sie ist Barbara eine Priesterin. Priesterin, das bedeutet, daß sie Irdisches in Göttliches verwandelt, daß sie die göttlichen Spuren in unserem Leben aufdeckt, daß sie das Menschliche durchsichtig macht auf Gottes Liebe hin. Priesterin, das meint, daß sie eingeweiht ist in tiefe Geheimnisse, in die Mysterien Gottes, und daß sie auch uns einweihen kann in das uns Unbekannte und Fremde, in das Geheimnis Gottes, durch den unser Leben erst fruchtbar wird. Barbara ist Priesterin, weil sie auf ihrem inneren Weg, auf dem Weg der Kontemplation und auf dem Weg der Passion, selbst verwandelt worden ist. So kann sie nun auch die Angst der Sterbenden in Vertrauen verwandeln, den Tod in eine Geburt neuen Lebens, die

Dunkelheit in Licht, die Kälte in Wärme und die Fremde in Heimat.

Barbara vermittelt Sterbenden das Heil. Sie bringt ihnen Christus und sie begleitet sie auf ihrem Weg durch die Dunkelheit und Fremde des Todes. Für solch einen Dienst – so glaubt die Volksfrömmigkeit – eignet sich eine Frau besser als ein Mann. Denn die Frau, die ein Gespür für die Geburt eines Kindes hat, ist auch näher am Geheimnis der Neugeburt, die im Tod geschieht. Die mütterliche Frau nimmt dem Tod das Grausame. Sie vermittelt uns, daß wir im Tod in die mütterlichen Arme des liebenden Gottes fallen werden.

Barbara wird als Trösterin der Gefangenen verehrt und angerufen. Ihre Legende zeigt, wie der Vater sie gefangen hält. Viele Menschen fühlen sich heute in ähnlicher Weise gefangen. Sie sind gefangen von den Erwartungen ihrer Umwelt und trauen sich nicht, daraus auszubrechen. Sie sind gefangen in sich selbst. Sie können nicht aus sich heraus. Sie fühlen sich gefangen in ihrer Angst. Sie haben Angst, ihren sicheren Turm zu verlassen. Sie hätten dann keinen Schutz und würden sich bloßgestellt fühlen, ausgesetzt, verletzlich. So vergraben sie sich in ihrem Turm und verschließen alle Fenster nach außen. Oder sie sind gefangen in ihrer Sucht, gegen die sie nicht ankommen, oder in Lebensmustern, die sie nicht abzulegen vermögen. Sie sind gefangen in ihren Gewohnheiten und in ihrem Denkschema. Es bewegt sich nichts mehr in ihnen. Sie bleiben in ihrem inneren Gefängnis und erstarren darin. Barbara ist die Verheißung, daß Gott auch uns in unserem Gefängnis besucht, daß er die Enge unseres Gefängnisses aufbricht und uns mitten in unserem Gefangensein innere wie äußere Freiheit schenkt. Wenn wir Gott in uns einlassen, dann kann uns kein Gefängnis mehr halten, dann sind zumindest drei Fenster darin, die uns die Beziehung nach außen ermöglichen. Und wir sind auch mitten in äußerer Gefangenschaft innerlich frei.

DER HEILIGE BLASIUS

Der Fürsprecher für Angstgeplagte

Der h. Blasius war Bischof von Sebaste in Armenien und wurde im Jahre 316 enthauptet. Sein Fest wird am 3. Februar gefeiert. Sein Name ist vermutlich eine Verstümmelung des griechischen „Basileus = der König, der königliche Mensch". Blasius gilt als Helfer in Halsleiden und bei Erstickungsgefahr. Dargestellt wird er immer in Bischofskleidung, mit Stab und Mitra, und mit zwei in der Art des Andreaskreuzes übereinander gelegte Kerzen. Sie weisen auf den Blasiussegen hin, der dem späten 15. Jhd. entstammt und sich vor allem seit dem 16. Jhd. verbreitet hat. Die Darstellung in Estenfeld folgt dem Schema, das seit dem 16. Jhd. üblich ist. Ursprünglich war Blasius nur mit Kerze und Leuchter dargestellt worden. Seit dem 12. Jhd. war es üblich, zu Ehren des Heiligen eine Kerze zu opfern. Davon erwartete man sich Heilung seiner Krankheit.

Blasius stammte aus Armenien. Er war Arzt und machte bei der Ausübung seines Berufes keinen Unterschied zwischen reich und arm, zwischen Christen und Heiden. Jeden Patienten behandelte er wie einen Bruder und eine Schwester. Das führte dazu, daß die junge Christengemeinde ihn zum Bischof wählte. Als der Kaiser Licinius die Christen verfolgte, versteckte sich Blasius in einer Höhle. Er lebte dort friedlich mit den Tieren und pflegte und verband sie, wenn sie verwundet worden waren. Die Vögel brachten ihm Speise. Als der Statthalter in den Wäldern eine große Jagd veranstaltete, wunderte er sich, daß alle Tiere in die gleiche Richtung flohen und bei Blasius Zuflucht fanden. Blasius wurde gefangen genommen und in den Kerker geworfen. Dorthin brachten die Christen ihre Kranken, damit er sie heile. Ein Knabe, der wegen einer Fischgräte zu ersticken drohte, wurde auf das Gebet des Bischofs hin sofort wieder gesund. Im Gefängnis wurde Blasius gefoltert. Dann wurde er in einen Teich geworfen. Aber Blasius machte das Kreuzzeichen darüber und so wurde das Wasser zu trockenem Land. 65 Mann eilten ihm nach. Aber da wurde das Land wieder zu Wasser und sie ertranken alle. Schließlich wurde der Heilige enthauptet. „Ehe man ihn aber tötete, betete er zu Gott, daß die Bitten aller Menschen, die ein Leiden an ihrem Hals oder sonst eine Krankheit hätten und in seinem Namen Gesundheit begehrten, erhört würden". (Melchers 85)

Blasius ist der gütige Mensch. Er lebt nicht nur im Einklang mit sich, sondern auch mit den Tieren. Mit ihnen hat er freundschaftlichen Kontakt. Er heilt ihre Wunden und sie nähren ihn. Das ist ein schönes Bild menschlicher Selbstwerdung. Blasius ist der königliche Mensch und der Arzt. Er ist der freie Mensch und der heilende. Von ihm geht Heilung aus sogar auf die Tiere. Die Tiere stehen für die Triebe, für Vitalität und Sexualität. Die Triebe sind oft genug verwundet durch eine allzu rigorose Erziehung oder durch mangelnde Disziplin. Blasius heilt mit seinem Verstand, mit seinem ärztlichen Wissen, die Wunden der Tiere, die Wunden, die seine Triebe schwächen oder aber aggressiv machen, so daß sie für ihn gefährlich werden könnten. Wenn die Triebe geheilt sind, dann sorgen sie für ihn, dann geben sie ihm Nahrung und Kraft. Die Wunden, die die Menschen ihm zufügen, können ihm nicht schaden. Selbst das Wasser, ein Symbol für das Unbewußte, kann ihn nicht verschlingen. Wasser wird für ihn zum trockenen Land, über das er mühelos gehen kann. So ist Blasius für uns eine Verheißung, daß auch wir uns mit all dem Triebhaften, mit unserer Vitalität und Sexualität, aussöhnen können, daß die Triebe uns zum Leben antreiben, uns nähren und unserer Lebendigkeit dienen. Die Legenda aurea leitet den Namen Blasius von blandus = süß ab. Wer wie Blasius von Gottes Geist durchdrungen ist, in dem wird alles süß. Da hinterläßt auch die Sexualität keinen bitteren Geschmack mehr. Alles in ihm verwandelt sich in Süße. Auch die wilden Tiere in ihm werden zahm und süß, milde und zärtlich.

Blasius wird bei Halskrankheiten und bei Erstickungsgefahr angerufen. Beides sind Nöte und Wunden, die wir alle kennen. Der Hals ist ja ein sehr sensibler Bereich. Manchmal ist unser Hals vor Angst zugeschnürt. Wir können nicht richtig atmen und sprechen, weil uns die Angst die Kehle zudrückt. Wir bekommen keine Luft mehr. Wir fühlen uns eingeengt. Grund dieser atemberaubenden Beklemmung ist eine Angst, die wir uns oft selbst nicht erklären können. Die Angst kann von der Enge im Geburtskanal oder von andern traumatischen Erfahrungen in der Kindheit herrühren. Sobald eine Bedrohung von außen kommt, steigt diese Angst in uns hoch und engt uns ein. Manche Menschen lösen in uns eine oft unerklärliche Angst aus. Der kranke Hals kann aber auch darauf hinweisen, daß wir etwas verschluckt haben. Wir haben zuviel geschluckt. Wir haben Verletzungen und Kränkungen heruntergeschluckt. Wir haben uns nicht gewehrt gegen die Kränkungen. Jetzt sind wir vor lauter Kränkung krank geworden. Manchmal äußert sich der kranke Hals im Husten. Der Husten zwingt uns, all das herauszubellen, was wir zu lange geschluckt haben. Jetzt endlich zwingt uns das Halsweh und der Husten, uns gegen die Kränkungen zu wehren. Sonst würden wir an unserem inneren Kloß ersticken.

Manchmal bekommen wir keine Luft mehr. Es gibt Menschen, die uns die Luft wegnehmen. In ihrer Nähe bleibt uns die Luft weg. Da können wir nicht mehr frei atmen. Viele leiden heute unter Asthma. Manche erleben Asthmaanfälle oft als lebensbedrohende Erstickung. Asthma hat oft auch eine psychische Komponente. Oft durften solche Menschen als Kinder nicht frei durchatmen. Es herrschte eine erstickende Atmosphäre. Man durfte nicht anders denken als die Eltern. Man durfte sich nicht den eigenen Freiraum erkämpfen. Manchmal taucht so ein Erstickungsanfall gerade dann auf, wenn uns Menschen zu nahe kommen, die wir als einengend und bedrohlich erleben. Irgendetwas krallt sich dann in uns fest, so wie die Fischgräte im Hals des Jungen, den Blasius geheilt hat. Wir können die Angst, die sich da in uns festkrallt, oft gar nicht benennen. Und vor allem können wir sie weder runterschlucken noch ausspucken. Sie sitzt fest und läßt uns fast ersticken. Ich kenne eine Frau, die ihr Asthma in der Therapie angeschaut und die viel an sich gearbeitet hat. Trotzdem überfällt sie immer wieder einmal ein Asthmaanfall. Im genaueren Hinsehen hat sie erkannt, daß die Erkenntnis allein offensichtlich nicht genügt. Sie braucht anscheinend noch einige Zeit das Asthma als Erinnerung dafür, daß sie wirklich durchlässig werden soll für das Leben, für die Liebe, anstatt an sich selbst festzuhalten.

Die Unfähigkeit, das Asthma durch Therapie in den Griff zu bekommen, könnte uns gerade auf einen andern Weg weisen, auf den Weg der spirituellen Therapie, wie sie uns der hl. Blasius aufzeigt. Der hl. Blasius lädt uns ein, uns mit unserer Enge und Angst, mit all dem Verdrängten und Unterdrückten, mit all dem Heruntergeschluckten und mit unserer Angst vor dem Ersticken vor Gott zu treten und es Gott hinzuhalten. Im Hals will der Atem, will das Leben, will die Liebe fließen. Aber mit unserem Willen allein können wir den Atem nicht fließen lassen. Wir brauchen das Vertrauen, daß Gott uns liebevoll berührt gerade in unserer Ohnmacht, uns selbst loszulassen und durchlässig zu werden für das Leben und die Liebe. Gerade wenn wir trotz Therapie mit unserem Asthma nicht weiterkommen, kann uns der hl. Blasius darauf verweisen, daß wir uns mit unserer Angst und Enge, mit unserer Ohnmacht und mit unseren Erstickungsanfällen an Gott wenden und uns in Gottes heilende Liebe halten, im Vertrauen, daß sie uns zu heilen vermag.

Im Blasiussegen mit den brennenden Kerzen hält uns Gott seine liebende Wärme an unseren erkälteten und zugeschnürten Hals, um uns von allem zu befreien, was wir verschluckt haben, um die Fischgräte herauszuziehen, die sich nicht nur im Hals, sondern in unserer Seele eingekrallt hat. Viele Priester haben den Blasiussegen abgeschafft, weil sie meinen, sie könnten diesen abergläubigen Gestus den Menschen von heute nicht mehr zumuten. Aber es geht hier nicht um Magie und Aberglauben, sondern um das Vertrauen, daß ich zu Gott mit meinen ganz konkreten Nöten kommen darf. Der Segen mit den überkreuzten Kerzen ist ja schon eine liebende Zuwendung. Der Hals ist das liebesbedürftigste Organ des Menschen. Am Hals möchten wir am liebsten gestreichelt werden. Die Kirche des Mittelalters hat auf so elementare Bedürfnisse Rücksicht genommen, indem sie die gekreuzten Kerzen mit ihrer Wärme an den Hals gehalten und ein Gebet um Heilung gesprochen hat. Indem ich Gottes Liebe an meinen zugeschnürten Hals halte, kann sich die Angst lösen. Der Kloß, der in mir steckenblieb, kann zergehen und ich kann wieder frei atmen, weil ich mich mit meiner tiefsten Sehnsucht angenommen und geliebt weiß. Ein Missionar erzählte mir, daß in Afrika die Kirchen am 3. Februar immer überfüllt sind. Da strömen die Menschen herbei. Offensichtlich entspricht der Ritus des Blasiussegens ihrem tiefsten Bedürfnis und ihrer Sehnsucht nach Heilung, nach einem weiten und freien Atem.

DER HEILIGE CHRISTOPHORUS

Der Begleiter über die Schwelle

*Christophorus, der Christus-Träger, ist einer der volkstümlichsten Heiligen. Er wurde unter Kaiser Decius um das Jahr 250 enthauptet. Sein Fest ist am 24. Juli. Er ist der Schutzheilige aller Reisenden. Berühmt ist sein Gebet unmittelbar vor seinem Tod, daß alle auf seine Fürbitte hin die göttliche Barmherzigkeit erfahren sollen. Christophorus wird in der deutschen Kunst häufig dargestellt. Die älteste Darstellung ist die an der Außenseite der Schloßkapelle zu Hocheppan um die Mitte des
12. Jhds. Die ältesten Darstellungen zeigen Christophorus nicht im Wasser, sondern als einen großen Mann mit einem Baumstamm, der Früchte trägt. Der Stab verweist auf die ältere Legende von der Passion des Heiligen. Da hat er einen Stab in die Erde gerammt. Und am nächsten Tag ist er aufgeblüht und hat Früchte getragen. Christus trägt er entweder auf seinen Schultern oder an seinem Herzen.
Dabei ist Christus nicht als Kind, sondern als Herr der Welt dargestellt. Diese Darstellungen deuten den Namen des Heiligen als Christusträger. Petrus Damiani deutet ihn dabei als den, der Christus in seinem Herzen trägt. Die jüngeren Darstellungen folgen der etwa um das Jahr 1200 entstandenen Legende. Da steht Christophorus als Riese mit bloßen Füßen immer im Wasser und trägt das Kind auf seinen Schultern, das oft mit der Weltkugel spielt. Jörg Riemenschneider hält sich an die Legende und stellt Christophorus als bärtigen Riesen dar, der durch das Wasser schreitet und sich auf den Baumstamm stützt, um das Kind sicher durch die Flut zu tragen. Er bildet die Mitte des Reliefs. Um ihn herum scharen sich die andern Nothelfer.*

Christophorus ist nicht nur Helfer gegen einen unvorhergesehenen Tod, er soll uns vielmehr helfen, die Schwellenangst zu überwinden, die Angst, die uns an den vielen Übergängen unseres Lebens und bei jedem Neubeginn überkommt. „Die Betrachtung seines Bildes am Morgen gilt als Schutzmittel für die Bewahrung der Lebenskraft bis zum Abend. Darum wurde sein Bild möglichst groß beim Kircheneingang und an den belebtesten Punkten in Stadt und Land an Türme und Häuser gemalt." (Melchers 455) Daher gilt er auch als Patron für das christliche Tagwerk. Er wird angerufen, daß unser Alltag gelingt. Christophorus ist ein Bild der Hoffnung, daß uns der Tag nicht die Kraft raubt, daß wir nicht ausbrennen vor lauter Anstrengung, sondern daß wir ihn aus der Kraft Christi heraus leben, daß wir immer in Berührung sind mit der inneren Quelle der göttlichen Kraft. Seine Legende ist auch ein Bild für gelungenes Leben schlechthin, für die Stationen, die jeder von uns durchlaufen muß auf seinem Weg zu Gott. Der Legende nach soll er zuerst Reprobus geheißen haben, d.h. der Verdammte. Er wollte den mächtigsten Herrscher der Welt suchen, um sich in seinen Dienst zu stellen. Zuerst kommt er zu einem König, den man für den mächtigsten Mann seiner Zeit hält. Als ein Gaukler in einem Lied vor dem König den Teufel erwähnt, macht der König das Kreuzzeichen. Offensichtlich hat der König Angst vor dem Teufel. Christophorus sucht nun den Teufel, der anscheinend mächtiger ist als sein König. Als er ihn findet, tritt er in seinen Dienst. Als sie auf ihren gemeinsamen Wanderungen an einem Kreuz vorbeikommen, macht der Teufel einen Umweg. Auf des Reprobus bohrende Frage hin muß ihm der Teufel bekennen, daß er Angst vor dem Kreuz habe, seitdem Jesus Christus daran gestorben sei. So macht sich Christophorus auf den Weg, Jesus Christus zu finden und ihm zu dienen. Auf seiner Suche findet er einen Einsiedler. Er fragt ihn: „Was muß ich tun, um Jesus Christus zu sehen?" Der Einsiedler verweist ihn auf das Fasten. Doch das kann Christophorus nicht. Da sagt ihm der Einsiedler: „Siehst du den gefährlichen Fluß da unten? Die Leute, die ihn überqueren wollen, verlieren oft ihr Leben dabei. Laß dich an seinem Ufer nieder. Dein ungeheurer Wuchs und deine gewaltige Kraft werden dich instand setzen, die Reisenden von einem Ufer zum andern zu tragen. Sei jedermanns Diener, so wirst du den König der Könige, Jesus Christus, sehen." (Ebd 456) Als er schon viele Jahre den Menschen gedient hatte, wollte ein Kind, daß er es über den Fluß trage. Das Kind wird auf seinen Schultern immer schwerer. Als er es am andern Ufer absetzte, sagte er zu ihm: „Ich glaubte zu sterben. Es war, als wenn ich die ganze Welt auf den Schultern gehabt hätte. Ich hätte es nicht länger ertragen." (456) Das Kind antwortete ihm: „Christophorus, du hast mehr getragen als die Welt, du hast den Schöpfer der Welt getragen: Ich bin der König Jesus Christus." (456f) Er heißt nun nicht mehr Reprobus, der Verdammte, sondern Christophorus, der Christusträger. Damit wird er ein Bild für jeden Christen. Das Geheimnis unseres Christseins besteht darin, daß wir Christus in uns und auf unsern Schultern tragen.

Die Geschichte des Christophorus zeigt, worum es in jedem Leben geht. Christophorus ist der suchende Mensch. Er ist nicht zufrieden mit dem, was er hat. So macht er sich auf den Weg. Er stellt sich die Frage, wem er dienen, für wen und für was er sein Leben einsetzen möchte. Er möchte seine Fähigkeiten in den Dienst des Mächtigsten und Größten stellen. Und er macht die Erfahrung, daß der Dienst für den scheinbar Größten, für einen Götzen, nur unfrei macht. Nur wenn ich Gott diene, werde ich wahrhaft Mensch, komme ich zu mir, werde ich wirklich frei. Das Paradox ist aber, daß Christophorus gerade dort Christus, dem mächtigsten König dient, wo er der Diener aller Menschen wird, gerade auch der Diener der Kleinen. Weil er Christus, dem Größten dienen will, kann er dem Kleinsten dienen, ohne sich klein zu machen. Er erweist seine Größe darin, daß er sich auch zum Kleinsten hinwendet. Als er sich in den Dienst des mächtigsten Königs und dann des Teufels gestellt hatte, war er von ihnen abhängig. Und er geriet in den Bannkreis ihrer Angst. Er wurde von ihrer Angst klein gemacht. Er spürte, daß sie seine tiefste Sehnsucht nicht erfüllen konnten. So suchte er weiter. Er gibt sich nicht zufrieden mit der scheinbaren Größe von Menschen, die sich nur dann groß vorkommen, wenn sie andere klein machen. Er sucht wahre Größe. Er, der Riese, findet diese Größe in dem Einsiedler und dann in dem Kind, das er auf den Schultern trägt und in dem er Christus selbst erkennt. Als er Christus dient, erfährt er wahre Größe und wahre Freiheit. Es braucht oft viele Wegerfahrungen, um zu dieser Freiheit zu gelangen, um zu spüren, wie ich ohne Angst leben kann.

Christophorus ist der Reisepatron. Bei den vielen Unfällen, von denen wir täglich in der Zeitung lesen, kann uns Christophorus Vertrauen schenken, daß Gott uns auf unserer Fahrt mit dem Auto schützen möge, daß Gott uns eine sichere Landung mit dem Flugzeug schenken möge. Christophorus ist aber nicht nur Patron für Reisende, sondern er ist durch seine eigene Geschichte zum Bild für unser Leben geworden. Er ist insofern Nothelfer, als er uns hilft, unsern Weg so zu gehen, daß wir sicher durch die Fluten unseres Lebens gelangen, daß wir ans andere Ufer gelangen, an das Ufer der Ewigkeit. So wurde Christophorus auch oft als Sterbepatron angerufen, als Heiliger, der uns durch die Furt des Todes ans sichere Ufer des ewigen Lebens tragen möge. Aber es geht nicht nur um die Schwelle des Todes, über die er uns sicher geleiten will, sondern um die vielen Schwellen, die wir an den Übergängen unseres Lebens überschreiten müssen und die uns immer wieder Angst machen. Er will uns das Vertrauen schenken, daß Gott uns bei jeder Schwelle, die wir überschreiten müssen, sicher geleiten wird. Christophorus wurde nicht umsonst am Eingang der Kirchen dargestellt. Die Alten drückten damit aus, daß es bei jedem Übergang in unserem Leben letztlich um die Schwelle zum Heiligen und Numinosen hin geht. Bei jeder Schwelle treten wir aus dem bisher Bekannten hinein in das Unbekannte, das uns Angst macht, hinein in den Bereich Gottes, von dem wir nicht wissen, was er an Erfahrungen für uns bereit hält. Es gibt viele Übergänge in unserem Leben, den Übergang von der Kindheit zur Jugend, von der Jugend zum Erwachsenwerden, den oft schwierigen Übergang in der Lebensmitte und bei der Pensionierung und schließlich den letzten Übergang im Tod. Jeder Übergang macht Angst. Jede Schwelle, die wir überschreiten, ist mit Angst vor dem Unbekannten besetzt. Die Christophorusbilder am Eingang der Kirchen wollen uns die Angst vor den vielen Übergängen unseres Lebens nehmen, von den vielen Abschieden, die wir vollziehen müssen, um von neuem beginnen zu können. Der Einsiedler hatte Christophorus gesagt, er solle am Flußübergang auf Christus warten. Jeder unserer Übergänge hat mit Christus zu tun. An jeder Schwelle können wir Christus begegnen. Aber wir werden ähnlich wie Christophorus Christus nicht gleich erkennen. Er wird vielmehr schwer werden auf unseren Schultern. Er wird uns niederdrücken. Manchmal kann er uns bis zur Depression hinunter pressen. Aber – so verheißt uns die Gestalt des Christophorus – wir haben genügend Kräfte. In uns ist auch der Riese, der der Last des Übergangs standhält. Weil uns jede Schwelle Angst macht und weil viele Menschen daher den Schritt über die Schwelle nicht wagen und in ihrer Entwicklung stehen bleiben, brauchen wir das Bild des Christophorus, um im Vertrauen auf Christus den Übergang zu wagen.

Christophorus hört nachts den Ruf des Kindes. In der Nacht spricht Gott zu uns im Traum. Da lädt er uns ein, uns dem Kind anzuvertrauen, dem Unverfälschten und Neuen, das in uns Gestalt annehmen will. Aber dieses Kind zu tragen, kann auch für uns oft genug zur Last werden. Es wäre einfacher, im Strom der andern mitzuschwimmen, als das ureigenste Leben zu leben, als dem Kind in uns gerecht zu werden. Viele brechen unter dieser Last zusammen. Aber wir müssen durch die tiefste Stelle des Stromes schreiten, um ans andere Ufer zu gelangen. Erst am andern Ufer erfahren wir, daß es Christus selbst war, den wir getragen haben. Und dann wird unser Stab zu grünen und zu blühen beginnen. Wenn Christus in uns ist, dann wird unser Leben fruchtbar, dann kommt das Eigentliche, das, was Gott nur uns persönlich an Fähigkeiten und Gaben geschenkt hat, zur Blüte. Die Gestalt des hl. Christophorus will uns das Vertrauen schenken, daß uns die Übergänge unseres Lebens gelingen und daß es Christus selbst ist, den wir in uns tragen und der unserem Leben Fruchtbarkeit und Schönheit schenkt.

DER HEILIGE CYRIAKUS

Der Beistand bei Besessenheit

Cyriakus erlitt um das Jahr 309 unter Diokletian den Martertod. Sein Fest wird am 8. August gefeiert. Cyriakus heißt: „dem Herrn gehörig". Er wird dargestellt als jugendlicher Diakon mit einem gefesselten Dämon. Manchmal liegt der Teufel oder Drache gekrümmt unter den Füßen des Heiligen, manchmal hält ihn der Heilige am Strick. Meistens trägt er das Buch, das wohl als Exorzismusbuch gedacht ist. Oft trägt er auch eine Palme in der Hand, als Zeichen für seinen Sieg im Martyrium. Und in manchen Darstellungen ist zu seinen Füßen klein die Tochter des Kaisers Diokletian abgebildet, die er von ihrer Besessenheit geheilt hat. Der Künstler von Estenfeld hat Cyriacus als jugendlichen Diakon dargestellt, der recht lässig den Dämon am Band hält, der spielerisch mit ihm umgeht. Er zeigt uns, daß der Dämon nicht so furchterregend ist, wie er sich manchmal zeigt, sondern daß man ihn beruhigt mit sich herumführen kann. Diese Figur des Cyriacus lädt ein, ihn, den Patron gegen Anfechtungen und Besessenheit, anzurufen und im Blick auf ihn zu vertrauen, daß Gottes Macht stärker ist als die Macht des Bösen.

Die Legende erzählt, daß der Diakon Cyriakus von einem reichen Mann zu den Zwangsarbeitern gesandt wurde, die beim Bau der diokletianischen Thermen in Rom eingesetzt waren. Er sollte ihnen helfen und ihr grausames Los lindern. Cyriakus nahm den Arbeitern ihre Lasten ab und ermunterte sie. Die Aufseher staunten darüber und meldeten es dem Regenten Maximian. Der ließ ihn ins Gefängnis werfen. Als einige Blinde in den Kerker kamen, heilte sie Cyriakus, indem er den Namen Christi anrief. Die Tochter des Kaisers Diokletian war vom bösen Geist besessen. Als der Kaiser von dem Wunder hörte, das Cyriakus an den Blinden gewirkt hatte, ließ er ihn kommen, um das Mädchen zu heilen. Cyriakus befahl dem Teufel, aus dem Mädchen auszufahren. Da bekannte es ihren Glauben an Christus und Cyriakus taufte sie. Der Kaiser staunte über dieses Wunder. Aber er verschloß sich dem Glauben. Immerhin ließ er den Cyriakus in Frieden.

Als aber Maximianus dem Kaiser Diokletian in der Regierung folgte, ließ er Cyriakus vor den Richterstuhl bringen. Als der Diakon sich weigerte, den Göttern zu opfern, ließ er siedendes Pech über sein Haupt gießen. Aber das konnte ihm nicht schaden. So ließ er Cyriakus schließlich nach vielen Foltern enthaupten. „Der Statthalter aber nahm sich das Haus des Cyriakus und richtete an der Stelle, wo der Taufbrunnen stand, ein Bad ein. Als er sich dort mit neunzehn seiner Freunde versammelte, badete und ein Mahl hielt, siehe, da starben sie plötzlich alle eines jähen Todes. Darauf wurde das Bad geschlossen und die Heiden fingen an, die Christen zu fürchten und in Ehren zu halten." (Melchers 496)

Cyriakus wird vor allem bei Besessenheit angerufen, weil er die besessene Tochter des Kaisers geheilt hatte. Viele meinen, Besessenheit sei eine typische Krankheit abergläubiger Zeiten. Aber es gibt heute viele Menschen, die besessen sind von fixen Ideen, von fanatischen Vorstellungen, von Ängsten und Zwangsvorstellungen. Sie leiden unter ihren Zwängen. Aber sie können nicht anders, als ihre Zwänge zu erfüllen. Der eine steht unter dem Zwang, sich ständig zu waschen, sobald er einen Türgriff angefaßt hat. Der andere muß zehnmal zur Haustüre gehen, um zu kontrollieren, ob sie wirklich geschlossen ist. Ein anderer ist besessen von seiner Angst, er könnte Krebs bekommen oder mit dem Auto verunglücken. Ein anderer ist beherrscht von seinen Emotionen, die er nicht loswerden kann, von Verletzungen, die ihn völlig in Beschlag nehmen. Cyriakus befreit die Tochter des Diokletian von ihrer Besessenheit, in dem er den Namen Christi anruft und dem Teufel befiehlt, das Mädchen in Ruhe zu lassen. Es braucht eine andere Macht, um sich von fremden Mächten zu befreien. Es braucht die Beziehung zu Gott, um mich von Götzen loszusagen. Es braucht die Nähe zu Jesus Christus, um die Nähe destruktiver Gedanken und Gefühle zurückzudrängen. Wenn ich wie Cyriakus dem Herrn gehöre, dann haben fremde Kräfte keine Macht über mich, dann gehöre ich nicht einem Menschen, der mich besetzen kann.

Cyriakus heilt im Gefängnis blinde Menschen. Das regt den Kaiser an, seine Tochter von ihrem Dämon zu befreien. Besessenheit und Blindheit gehören hier offensichtlich zusammen. Besessenheit macht blind für die wahre Wirklichkeit. Ich sehe alles nur durch die Brille meiner fixen Ideen, meiner trüben Emotionen, meiner Zwänge. Ich kann die Wirklichkeit nicht mehr erkennen, wie sie ist. Besessenheit kann aber auch mit der Vaterbeziehung zusammen hängen. Eine Tochter kann ganz und gar besetzt sein von ihrem Vater. In der Legende ist der Kaiser ihr Vater. Es ist also offensichtlich ein mächtiger Vater, neben dem die Tochter keine Chance hat, ihr eigenes Leben zu leben. Wenn sie Christus gehört, dann gehört sie dem Urheber des Lebens, dem Anführer ins Leben, dann wird Christus sie zum Leben führen. Es gibt heute viele Menschen, die besetzt sind von ihrem Vater oder ihrer Mutter. Sie haben sich nicht von ihrem machtvollen Einfluß gelöst. Da ist ein Mann, der immer noch besetzt ist von seiner Mutter, die ihm den Vater verteufelt hat und ihm daher jede Möglichkeit geraubt hat, seine eigene Männlichkeit zu entfalten. Da ist eine Frau, die sich zwar gegen ihre skrupulöse Mutter gewehrt hat, die aber unbewußt trotzdem von der ängstlichen Enge der Mutter bestimmt wird. Da ist eine Frau, die immer noch dem Vater hörig ist und ihn bewundert. So ist sie unfähig, eine wirkliche Beziehung zu einem Mann aufzubauen. Da sind Männer und Frauen, die in einer Symbiose mit ihrer Mutter leben und so nicht in Berührung kommen mit ihrem eigenen Sein. Cyriakus ist ein Bild dafür, daß Gott uns befreien möchte von der Besessenheit durch ein negatives Vater- oder Mutterbild. Gott möchte, daß wir unser eigenes Leben leben, daß wir das Bild verwirklichen, das Gott sich von uns gemacht hat. Indem Cyriakus die Tochter des Kaisers tauft, prägt er ihr das Bild Christi ein und befreit sie von den Bildern, die der Vater ihr übergestülpt hat. Wenn uns Christus eingeprägt wird, dann kommen wir in Berührung mit unserem ureigensten und einmaligen Bild, das Gott in uns und durch uns in dieser Welt darstellen möchte.

DER HEILIGE DIONYSIUS

Wider falsches Denken

Der hl. Dionysius ist der Schutzpatron Frankreichs. Er war Bischof von Paris. Die Legende sieht ihn zusammen mit Dionysius Areopagita, mit dem Schüler des Apostels Paulus. Dionysius heißt eigentlich, dem Dionysos, dem Gott des Weines und des Rausches geweiht. Doch die Legenda aurea deutet seinen Namen anders. „Es kommt von Diana, das ist Venus, die Göttin der Schönheit; und syos, Gott: als ein schöner gegen Gott. Oder, wie etliche sagen, ist Dionysius genannt von Dionysia, welches nach Isidorus ist ein schwarzer Edelstein, der ist gut wider die Trunkenheit. Also fliehet der heftig Fliehende die Welt, da er sie gänzlich verschmähet; er hebt sich empor durch die Betrachtung innerer Dinge." (Legenda aurea 787) In der Gestalt des Dionysius leuchtet die innere Schönheit eines Menschen auf, der für Christus durchlässig geworden ist. Und in ihm wird deutlich, daß der Weg nach innen uns von der Macht äußerer Dinge befreit. Dionysius wurde 285 während der Christenverfolgung auf dem Montmartre enthauptet. König Dagobert ließ seine Reliquien in die Kirche der Abtei Saint-Denis übertragen. Dort wurden künftig alle Könige Frankreichs begraben. Dargestellt wird Dionysius mit dem abgeschlagenen Kopf in der Hand, manchmal auch nur mit der Kopfhaut. Immer hat der abgeschlagene Kopf die bischöfliche Mitra auf. Dionysius – oder wie die Franzosen sagen: St. Denis – gilt daher als Patron gegen das Kopfweh. Sein Fest wird am 9. Oktober gefeiert.

Die Legende erzählt, daß Dionysius, der Apostelschüler, nach Jerusalem gepilgert ist, um Maria, die Mutter Jesu, zu sehen. Er war von ihrer Schönheit ganz hingerissen. Nach dem Tod der Apostelfürsten Petrus und Paulus kam er nach Rom und wurde vom Papst als Missionar nach Gallien geschickt. In Paris bekehrte er viele zum Glauben an Christus. Wenn Feinde ihn vernichten wollten, legten sie ihre Waffen nieder, weil sie von seinem Anblick so fasziniert waren. Der Teufel war neidisch auf ihn und verklagte ihn vor dem römischen Präfekten, der ihn gefangen nehmen und schließlich enthaupten ließ. „Dionysius aber erhob sich alsbald, nahm sein Haupt in die Hände und trug es, von einem Engel geführt und von himmlischem Licht umgeben, zwei Meilen hinweg von dem Ort, der Mons Martyrium genannt ist, zu der Stätte, wo er nach seiner Wahl und Gottes Willen ruhen wollte. Katulla, eine fromme Matrone, die der Heilige bekehrt hatte, eilte ihm entgegen, nahm das Haupt und bestattete dasselbe nebst den Leichnam des Heiligen ehrenvoll." (658)

Zwei Bilder aus der Legende sind für mich wichtig. Da ist der Besuch Marias in Jerusalem, von deren Schönheit Dionysius fasziniert ist. Der Heilige nimmt das Bild der schönen Frau so sehr in sich auf, daß nun auch sein Antlitz Schönheit ausstrahlt. Seine Feinde sind von seinem Anblick so angetan, daß sie die Waffen aus der Hand legen. Sie können seiner Schönheit nicht widerstehen. Offensichtlich hat Dionysius in der Begegnung mit Maria seine anima integriert.

Das hat ihn zum ganzen Menschen und zu einem schönen Menschen werden lassen. Das andere Bild ist der abgeschlagene Kopf, den er in Händen hält. Dionysos hat auch seinen Kopf nicht verloren, als man ihn enthauptet hat. Es ist immer ein schöner Kopf, den er da vor sich hinhält. Und Dionysius ist nach seiner Enthauptung noch die zwei Meilen dorthin gegangen, wo er selbst begraben sein wollte. Selbst die ihn töten, haben keine Macht über ihn. Er geht seinen eigenen Weg. Und er sucht sich sein Grab aus. Für die Alten ist es nicht unbedeutend, wo sie begraben werden. Über dem Grab werden Kirchen – oder wie bei Dionysius ein Kloster – gebaut. Das Grab wird zum Erinnerungsmal an den Sieg des Märtyrers über den Tod und zum Zeichen der Auferstehung. Es waren gerade die Gräber der Märtyrer, die in der frühen Kirche zu Wallfahrtsorten wurden. Man ist dorthin gepilgert und hat seine Taschentücher auf das Grab gelegt, um etwas von der heilenden Kraft des Heiligen für sich zu gewinnen.

Dionysius gilt als Nothelfer für Kopfweh und Kopfkrankheiten. Die Legende mag dafür nur einen äußeren Grund angeben, daß er seinen abgeschlagenen Kopf in seine Hände genommen und dorthin getragen habe, wo er selbst bestattet sein wollte. Die Kunst stellt ihn immer so dar, daß er sein Haupt in der Hand hält. Das hat offensichtlich einen tieferen Sinn. Kopfweh kommt ja oft dadurch zustande, daß wir uns selbst unter Druck setzen, daß wir uns zuviel aufbürden, daß wir zu sehr im Kopf sind und uns mit Grübeleien den Kopf zermartern. Der typische Spannungskopfschmerz tritt häufig „in Lebenssituationen auf, in denen der Mensch unter starkem Leistungsdruck steht oder in kritischen Aufstiegssituationen, die ihn zu überfordern drohen" (Dethlefsen 217). Da steigt einem der Ehrgeiz in den Kopf. Man möchte mit dem Kopf durch die Wand. Der Kopf ist unser sensibelster Warner. Er reagiert sofort mit Schmerzen, wenn unser Denken falsch ist, wenn wir uns den Kopf mit unnötigen Grübeleien zerbrechen. Kopfweh weist uns darauf hin, daß unser Denken nicht stimmt, daß wir unser Denken zu sehr von Ehrgeiz und Perfektionismus bestimmen lassen. Der Perfektionismus muß abgeschnitten werden, damit wir unsern Kopf wieder frei bekommen, damit wir wieder richtig denken können.

Es gibt heute immer mehr Menschen, die an Migräne leiden. Manchmal wird Migräne durch Streß ausgelöst, manchmal durch unterdrückte Konflikte oder verdrängte Wut. Manche reagieren auf Kritik mit Migräne. Oft sind Migränepatienten perfektionistisch und ehrgeizig und sie unterdrücken jede Feindseligkeit. Das alles setzt sich dann im Kopf fest und wird zu einem unerträglichen Schmerz. Dionysius nimmt seinen Kopf in die Hand. Er hält ihn vor sich hin. Er sieht ihn an und drückt ihn an sein Herz. Damit beschreibt die Legende, wie wir mit Kopfschmerzen umgehen können. Wir sollen nicht unterdrückte Wut und die Angst vor Kritik in den Kopf hineinpressen, sondern wir sollen den Kopf anschauen mit all den Gedanken und Gefühlen, die darin herumschwirren. Und wir sollen diese Gedanken an unser Herz halten, barmherzig damit umgehen. Wir sollen Kopf und Herz miteinander verbinden, damit wir nicht kopflastig werden. Unsere Grübeleien sollen wir im Gebet Gott hinhalten. Dann können sie sich wandeln. Die Nothelfer wollen uns nicht nur auffordern, Gott um seine Hilfe anzuflehen. Sie zeigen uns zugleich Wege, wie wir im Vertrauen auf Gott mit unseren körperlichen und seelischen Beschwerden umgehen sollen. Es genügt nicht, Gott einfach nur darum zu bitten, daß er mich von meinem Kopfweh befreien möge. Ich muß wie Dionysius meinen Kopf in die Hände nehmen, Abstand gewinnen zu all dem, was ihn belastet und ihn füllt. Ich muß den Kopf ans Herz drücken, den Verstand durch die Liebe läutern und ihn dann vor Gott hinlegen, damit Gott mich von dem inneren Druck befreien möge, den ich mir selbst auferlege.

Noch ein Zug in der Legende ist für den Umgang mit Kopfweh von Bedeutung. Wenn seine Feinde mit Waffen gegen Dionysius auszogen, dann legten sie sofort ihre Wildheit ab, wenn sie sein leuchtendes Antlitz sahen. Die Klarheit und innere Schönheit des Heiligen hielten seine Feinde ab, gegen ihn zu wüten. Wenn wir von Christus durchdrungen sind, wenn seine Klarheit uns durchstrahlt, dann haben die Aggressionen, die von außen auf uns einströmen, keine Chance, in uns einzudringen. Dann können sie sich nicht festsetzen in unserm Kopf. Dann können wir bei Diskussionen unsern Kopf hinhalten, ohne die negativen Emotionen der andern in uns eindringen zu lassen. Wenn wir Christus in all unsere Gedanken und Gefühle hineinhalten, dann klären sie sich auf. Dann können uns die ungeklärten und unterdrückten Emotionen nicht mehr martern.

DER HEILIGE ERASMUS

Den Affektstau lösen

Nach der Überlieferung stammt Erasmus aus Asien und war Bischof von Antiochia. Sein Name „Erasimos" heißt liebenswürdig, begehrenswert. Er starb als Märtyrer um das Jahr 300 unter Kaiser Diokletian. Sein Fest wird am 2. Juni gefeiert. Er wird dargestellt mit Mitra, Bischofsstab und Ankerwinde. Die Winde hält er meistens in der Hand. Um sie sind seine Eingeweide herumgewickelt. Manchmal wird er auch dargestellt mit Pfriemen und Nägeln, die unter die Fingernägel des Heiligen getrieben sind. Erasmus wird angerufen bei Bauchweh und Unterleibskrankheiten und gilt als Patron für Seeleute, Drechsler und Schuhmacher. In Estenfeld hält Erasmus die Winde mit der linken Hand vor sich her. Um sie herum sind seine Gedärme gewickelt.

Viele Legenden ranken sich um die Gestalt des hl. Erasmus. Nach der am weitesten verbreiteten Legende lebte er sieben Jahre einsam im Libanongebirge und hatte vertrauten Umgang mit den Tieren. Als sein Versteck entdeckt wurde, wurde er vor den Richter geführt. Doch alle Martern konnten ihm nichts anhaben. Er blieb unverletzt. Ein Engel geleitete ihn aus dem Gefängnis und brachte ihn in das Gebiet des heutigen Jugoslawien. Dort verkündete er das Evangelium und vollbrachte viele Wunder. Dann wurde er wieder ins Gefängnis gebracht und in einen Kessel voll siedenden Öls geworfen. Doch ein Engel errettete ihn daraus und führte ihn ans Meer. Dort nahm ihn ein Schiff auf und brachte ihn in die Stadt Gaeta in Kampanien. Dort starb er im Jahre 303 den Märtyrertod. Erasmus gilt als Patron der Seefahrer. Aber er wird auch angerufen bei Krankheiten der Tiere, bei Bauchweh und Unterleibskrankheiten. Die Winde, die er in den Händen hält, ist durch eine Legende bedingt, die erzählt, daß man ihm bei seinem Martyrium mit einer Winde die Eingeweide aus dem Leib herausgezogen hätte. Manche Erklärer meinen, die Winde sei ursprünglich eine Schiffswinde, die man im Festland aber nicht mehr so verstanden hätte. Doch vermutlich weist die Winde auf die Legende hin, die sich um sein Martyrium rankte.

Erasmus soll einmal mitten im Gewitter gepredigt haben. Überall schlugen Blitze ein. Nur der Heilige blieb unversehrt. Sturm, Blitz und Gewitter, das sind Bilder für unsere Daseinserfahrung. Oft genug haben wir das Gefühl, mitten im Sturm unserer aufgewühlten Emotionen zu stecken. Der Gegenwind bläst uns ins Gesicht. Unsere Lebensfahrt geht nicht mehr so glatt wie bisher. Wir haben Gegenwind. Alles hat sich gegen uns verschworen. Es gelingt uns nicht mehr alles. Menschen treten uns entgegen und hindern uns daran, unser Leben so zu leben, wie wir gerne möchten. Oder wir geraten ins Gewitter. Da prasseln die Aggressionen von allen Seiten auf uns ein. Wir wissen nicht, aus welcher Richtung sie kommen. Blitze von Haß zucken um uns herum. Wir können uns gar nicht in acht nehmen, weil sie unberechenbar um uns herum aufblitzen. In solchen Situationen kann uns das Bild des hl. Erasmus helfen, unser Vertrauen auf Gott zu setzen. Gott wird uns mitten in den Stürmen sicher durch das Leben geleiten. Der Blitz feindlicher Aggressionen wird uns nicht vernichten, wenn Gott seine schützende Hand über uns hält. Blitz und Donner sind im Traum oft Bilder für einen Affektstau und für körperliche und seelische Spannungen, die nach Entladung drängen. Von daher ist verständlich, daß Erasmus bei Magen- und Darmkrankheiten, bei Bauchweh und Unterleibskrankheiten angerufen wird. Denn da geht es auch um Affektstau, um krankhaften und gesunden Umgang mit Aggressionen.

Aber vor allem wird das Bild der Winde, mit der man die Gedärme des Heiligen herausgedreht hat, dazu geführt haben, Erasmus vor allem als Nothelfer bei Magen- und Darmkrankheiten zu sehen. Der Magenbereich zeigt uns, wie wir mit Aggressionen umgehen. Wenn wir den Ärger zu sehr herunterschlucken, bekommen wir Magengeschwüre. Wir zerfleischen uns im wahrsten Sinn des Wortes selbst. Wer mit seinem Ärger nicht gut umgehen kann, der sagt, er sei sauer. Bei ihm kann der Magen den Ärger nicht verwandeln. Säure bildet sich und stößt auf. Und es bleibt zuviel Unverdautes in unserm Magen liegen, manchmal wie ein schwerer Stein, der uns niederdrückt. Manche Menschen reagieren bei Spannungen sehr stark mit dem Magen. Sie können nicht mehr essen. Sie bekommen „einen nervösen Magen". Magenprobleme zeigen oft Beziehungsprobleme an. Jugendliche erzählen mir, daß sie wohl am intensivsten die Spannungen in ihrer Familie beim Essen wahrnehmen. Sie spüren die Aggressionen zwischen den Eltern in ihrem Magen. Sie können die Spannungen nicht aushalten. Ihnen verschlägt es den Appetit. Sie können nichts mehr essen, nichts mehr verdauen. Magenprobleme bedeuten daher oft, daß ich mich nicht abgrenzen kann gegenüber den Spannungen meiner Umgebung. Ich nehme alles in mich auf. Darmprobleme, Durchfall oder Verstopfung, zeigen, wie wir mit dem umgehen, was wir in uns aufnehmen. Durchfall weist meistens auf die Angst hin, die wir vor etwas haben. Wir nehmen es nicht auf, sondern lassen es gleich durchlaufen. Verstopfung dagegen ist Ausdruck, daß wir zuviel an Äußerem festhalten und es nicht loslassen können. Darmentzündungen weisen oft auf Menschen hin, die sich nicht abgrenzen können, die zu wenig ihr eigenes Leben verwirklichen. Bei chronischen Darmentzündungen sieht die Psychosomatik häufig psychische Ursachen, die Tendenz, sich anzupassen, es allen recht machen zu wollen, die Angst vor Konflikten und die Unfähigkeit, sich zu behaupten und Aggressionen in positiver Weise zu zeigen. In all diesen Nöten wird Erasmus angerufen.

Die Legende, daß man dem Erasmus mit der Winde die Därme herausgedreht habe, zeigt einen Weg an, wie wir vor Gott mit unseren Magen- und Darmproblemen umgehen sollen. Ich muß das, was in mir ist, nach außen kehren. Ich muß es anschauen, was da unverdaut in mir liegt, was ich da in mich hineingefressen habe, was ich festhalte und nicht hergeben will. Ich muß die Aggressionen herauslassen, anstatt sie in mich hineinzufressen. Ich muß den Affektstau lösen, damit ich wieder richtig verdauen kann. Aber die Aggressionen sollen nicht einfach explodieren. Denn dann gibt es nur Scherben. Sie müssen eine nach der andern herausgelassen werden, gerichtet und klar. Dann ermöglichen sie mir das richtige Verhältnis von Nähe und Distanz. Dann zeigen sie mir, wo ich mich abgrenzen und wo ich mich einlassen soll. Der hl. Erasmus wird im Gebet angerufen, daß er uns bei Bauchweh und Darmkrankheiten helfen möge. Im Gebet sollen wir das, was in uns ist, Gott hinhalten. Dann kann sich etwas klären und die Schmerzen können sich wandeln. Auf den Bildern wird Erasmus immer sehr selbstbewußt dargestellt. Weil er in sich ruht, deshalb hat er es nicht nötig, alles in sich hineinzufressen. Weil er in sich selbst steht, kann er sich gegen das wehren, was von andern Menschen an ihn herantritt. Er bleibt auch unberührt von Blitzen und Donnerschlägen, die von außen auf ihn einstürmen. Die Aggressionen der andern prallen an ihm ab. Er kann sich gegen sie schützen. Er kann mit seinen eigenen Aggressionen gut umgehen. So können ihm die Aggressionen der andern nicht schaden. So bleibt er verschont vor Magen- und Darmkrankheit.

DER HEILIGE EUSTACHIUS

Der Berater bei Beziehungskonflikten

Eustachius heißt im Griechischen „der Ährenreiche, Fruchtbare". Er war Feldherr und wird daher immer als Krieger in Rüstung und Mantel mit Hut dargestellt, manchmal auch als Jäger. Er trägt in einer Hand einen Hirschkopf mit einem Kreuz zwischen dem Geweih. Jörg Riemenschneider läßt ihn den Hirschkopf liebevoll streicheln. Sein Gesicht strahlt inneren Frieden aus. Man sieht ihm an, daß er viel durchgemacht hat. In der Gestalt des Eustachius mag der Sohn des großen Tilman Riemenschneider die eigene tragische Familiensituation wiedergefunden haben, in die die Familie durch die Inhaftierung und Folterung des Vaters im Jahre 1525 geraten ist. Das Relief entstammt vermutlich dieser Zeit der Wirren. Eustachius starb unter Kaiser Hadrian den Martertod um das Jahr 118. Sein Fest wird am 20. September gefeiert. Er gilt als der Patron der Jäger. Und er wird bei traurigen Familienschicksalen und anderen verzweifelten Situationen angerufen. Das erklärt sich aus den Legenden, die sich um die Gestalt des Eustachius ranken.

Die Legende erzählt, daß Eustachius ursprünglich Placidus hieß und ein tapferer Heerführer des römischen Kaisers Trajan war. Er war bei den Soldaten sehr beliebt, weil er gerecht war und von seinen vielen Gütern auch an die Armen austeilte. „Während eines Jagens geschah es ihm, daß er auf der Verfolgung eines gewaltigen Hirsches von den anderen Jägern abkam. So oft er auch ansetzte, das Wild zu erlegen, immer wieder entkam es ihm, bis es in einer Lichtung des Waldes anhielt, mit einem Sprung einen Felsen erklomm und sich dem Jagenden zuwendete. Placidus legte den Pfeil auf, spannte den Bogen und wollte das tödliche Geschoß absenden, da gewahrte er zwischen dem Geweih des Hirsches ein Kruzifix, das funkelte hell im Widerschein der Sonne. Während er voll Staunen zögerte, hörte er eine Stimme, die sprach zu ihm: ‚Placidus, warum verfolgst du mich? Ich bin Christus, dem du unwissend bereits dienst. Darum habe ich dich erjagt in dieses Hirsches Gestalt, auf daß du dich taufen lassest auf meinen Namen.'" (Melchers 601)

Placidus läßt sich, seine Frau und seine beiden Kinder, taufen. In der Taufe erhält er den Namen Eustachius. Christus offenbart ihm, daß er um seines Namens willen viel zu erleiden habe. Aber er solle tapfer bleiben im Leiden, so wie er es vorher in vielen Schlachten war. Eustachius erleidet ein ähnliches Schicksal wie Hiob. Unter seiner Herde brach eine Seuche aus. Hagelschlag verwüstete die Felder. Von seinen Angestellten wurden viele durch Fieber hinweggerafft. Schließlich wurde sein Hof von einer Räuberbande überfallen und angezündet. Bettelarm wanderte nun Eustachius aus. Mit dem Schiff fuhr er nach Ägypten. Doch der Schiffsherr forderte als Lohn seine Frau. Gewaltsam ließ er Eustachius mit seinen beiden Söhnen an Land schaffen. An einem Fluß wurden ihm die beiden Kinder von wilden Tieren geraubt, von einem Wolf und einem Löwen. Als Hirten den Löwen mit dem kleinen Kind im Maul sahen, jagten sie ihn. Da ließ er es aus Angst fallen. Den Wolf verfolgten Bauern und entrissen ihm das Kind und zogen es auf. Doch Eustachius bekam das alles nicht mit. Er stand im Fluß und haderte mit Gott, daß er ihm zuviel aufgeladen habe. In einem Dorf nahm er Arbeit an und diente als Knecht 15 Jahre lang. Als das römische Reich von zahlreichen Feinden bedrängt wurde, erinnerte man sich an den einstigen Hauptmann Placidus. Man suchte nach ihm. Schließlich erkannte ihn ein ehemaliger Soldat an seiner Narbe. Er wurde wieder in seine Ämter eingesetzt und zog an der Spitze seiner Soldaten in den Krieg und besiegte den Feind.

Seine beiden Söhne waren inzwischen erwachsen und dienten im Heer. Zufällig wurden sie bei einer armen Frau einquartiert. Sie erzählten sich ihre Lebensgeschichte. Und so erkannten sie in der armen Frau ihre Mutter. Als die Frau zum Feldhauptmann eilte, um ihn für ihre beiden Söhne zu bitten, da erkannte sie in ihm ihren Gemahl. Gemeinsam dankten sie Gott, daß er sie durch alles Leiden hindurch wieder zusammen geführt hat. Mit allen Ehren wurde nun der erfolgreiche Feldherr in Rom empfangen. Doch als er sich weigerte, den Göttern zu opfern, da wurde Kaiser Hadrian, der inzwischen auf Trajan gefolgt war, wütend und ließ ihn mit seiner ganzen Familie den wilden Tieren in der Arena vorwerfen. Doch die Löwen taten ihnen nichts, sondern neigten in Ehrfurcht ihre Köpfe vor Eustachius. So wurden alle vier in einem eisernen Ofen, der wie ein Stier geformt war, verbrannt. Doch ihre Leichen blieben unversehrt und wurden an einem abgelegenen Ort begraben.

Bei Eustachius geht es nicht um die Wunden einer Krankheit, sondern um die Verletzungen aus der Lebensgeschichte. Es gibt viele ähnliche Familienschicksale, bei denen die Menschen alle Hoffnung verlieren könnten. Wir brauchen nur an die Kriegswirren zu denken, die viele Familien auseinanderreißen, die den Kindern die Väter nehmen und sie zwingen, allein umherzuirren. Verkehrsunfälle können Familien zerstören. Ein junger Mann hat seinen Vater verloren und seine Mutter wurde durch einen schweren Verkehrsunfall gelähmt. So ist er allein auf sich gestellt und muß noch für die Mutter sorgen, anstatt bei ihr Geborgenheit und Schutz erfahren zu können. Eine Frau wurde unehelich geboren und von ihrer Mutter immer als Schande für sie angesehen. Sie hat nie erfahren, daß sie in dieser Welt willkommen ist. In solchen und ähnlichen Situationen hat das Volk zu Eustachius gebetet. Sein Schicksal war ihm Zeichen der Hoffnung, daß Gott uns in keinem noch so großen Unglück allein läßt, daß Gott auch hoffnungslose Verwicklungen wieder zum Heil wenden kann.

Äußere Schicksale können uns innerlich zerreißen. Es gibt aber auch die nach außen hin oft unscheinbaren Verletzungen aus der Lebensgeschichte. Da wurde eine Frau von nahen Verwandten sexuell mißbraucht. Da war der Vater Alkoholiker und hat die ganze Familie tyrannisiert und ihr mit seiner Unberechenbarkeit Angst eingeflößt. Da sind die subtilen Entwertungen, unter denen viele Kinder leiden. Da sind die Verletzungen, wenn Kinder ohne Vater aufwachsen, oder wenn sie an Verwandte abgeschoben werden. Die Legende des hl. Euchstachius will uns das Vertrauen schenken, daß wir uns mit all unseren Wunden an Gott wenden können, daß wir in Gott Hilfe finden können. Das Volk hat im Bild des hl. Eustachius darauf vertraut, daß Gott sich auch um unsere scheinbar hoffnungslosen Schicksale kümmert und daß er alles zum Guten wenden kann und wird.

Eustachius wird auch generell bei Eheproblemen angerufen. Und die sind heute häufiger als je zuvor. Es ist nicht selbstverständlich, daß eine Ehe gelingt. In vielen Seelsorgsgesprächen stehen die Beziehungsprobleme im Mittelpunkt. Offensichtlich wird es heute immer schwieriger, eine Beziehung auf Dauer in fairer und befruchtender Weise zu leben. Wir sind immer unfähiger, uns durch die Konflikte, die notwendigerweise in jeder Beziehung auftreten, verwandeln zu lassen. Zu schnell weichen wir dem schmerzlichen Wandlungsprozeß aus und suchen uns eine neue Beziehung. Oder aber wir überfordern unsere Beziehungen durch zu hohe Erwartungen. Eheberater berichten, wie verfahren oft die Situationen in einer Ehe sind, so daß als Ausweg nur noch die Trennung übrig bleibt. Frühere Zeiten haben in Familien- und Eheproblemen den hl. Eustachius angerufen. Sie haben offensichtlich in seiner Legende einen Weg erkannt, wie sie mit den Schwierigkeiten in Ehe und Familie umgehen können. Wenn wir die Bilder der Legende tiefenpsychologisch auslegen, kann uns vielleicht auch heute die Gestalt des Eustachius ein Bild für gelungene Beziehung sein. Zunächst ist Placidus Jäger. Er will den Hirsch mit seinem Pfeil erlegen. Pfeil ist Bild für die aggressive männliche Triebkraft, für eine Sexualität, mit der der Mann die Frau erobern, „erlegen" will. Der geistige und seelische Bereich in der Partnerbeziehung wird dabei nicht berücksichtigt. So eine einseitige Sexualität kann keine dauerhafte Beziehung ermöglichen. Placidus wird von dem Hirsch belehrt, daß er letztlich Christus nachjagt, daß Christus das Ziel seiner Sehnsucht ist. Der Hirsch ist Bild für die Einheit von Leib und Geist. Und er ist Bild für Christus. Letztlich sehnen wir uns in unserer Sexualität nach Transzendenz, nach dem Numinosen. Und nur wenn unsere Sexualität offen ist für die Transzendenz, können wir sie menschlich angemessen und dauerhaft leben.

Aber zunächst erfährt Eustachius das Gegenteil. Er verliert seinen ganzen Besitz, seinen Status, seine Heimat. Das Alte trägt nicht mehr. Er kann nicht mehr von außen leben. Er wird konfrontiert mit seiner inneren Armut und Nacktheit. Frau und Kinder werden ihm geraubt, die Frau von einem falschen und herrschsüchtigen Mann, die Kinder von Raubtieren, die für die Triebe stehen. Frau und Kinder sind immer ein Geschenk, dessen man sich nie sicher sein kann. Selbst das Vertrauen auf Gott schützt Eustachius nicht vor dem Verlust von Frau und Kindern. Er muß erst den Weg der Trauer gehen, auf dem er mit sich selbst konfrontiert wird. 15 Jahre muß er seinen Weg allein gehen, einen Weg des Dienstes und der Armut. Dann erkennt ihn ein früherer Soldat an seiner Narbe. Das vergangene Leben drückt sich in dieser Narbe aus. Manche Wunden verheilen. Aber sie hinterlassen Narben. Eustachius, seine Frau und seine Kinder müssen erst jeder für sich ihren Weg gehen und sich neu finden. Dann gibt es auch wieder ein neues Miteinander. Sie brauchen auf ihrem inneren Weg erst die Distanz zur Familie, um sich selber und dann auf neue Weise die Familie zu finden. Als sie sich finden, erzählen sie sich ihre Geschichte. Indem jeder von sich erzählt, was er erlebt und durchgemacht hat, finden sie auf neue Weise zusammen. Jetzt geht es nicht mehr um Besitz und Ansehen, nicht mehr um die christliche Vorzeigefamilie, wie sie in manchen Pfarreien zu finden sind und die auch keine Garantie bieten, daß sie immer zusammenhalten. Nach all den schmerzlichen Erfahrungen ist die Familie des Eustachius geläutert. Jetzt ist sie fähig zu einem neuen Miteinander, zu einer neuen partnerschaftlichen Beziehung zwischen Mann und Frau, ohne den Schutz von Besitz und gutem Ruf. Jetzt kann sie auch die Kinder mit neuen Augen sehen, die in diesen 15 Jahren erwachsen geworden sind. Jetzt sind sie fähig, für etwas Größeres Zeugnis abzulegen, sich vor dem Kaiser zu Christus zu bekennen. Sie kreisen nicht mehr um sich. Es ist ihnen nicht mehr wichtig, daß sie sich miteinander wohl fühlen, sondern sie stellen sich gemeinsam in den Dienst Christi und bezeugen – jeder für sich und doch auch gemeinsam –, daß Christus die Mitte ihres Lebens ist. Die wilden Tiere neigen sich vor ihnen aus Ehrfurcht davor, daß sie ihre Triebe integriert haben. Auch der Stierofen, in dem sie verbrannt werden, kann ihre wahre Gestalt nicht zerstören. Sie bleiben selbst im Tod noch unversehrt, in ihrer reinen Gestalt. Das ist ein schönes Bild menschlicher Selbstwerdung und gelungener Beziehung. Geläutert durch das letzte Feuer des Martyriums bleiben sie auch im Tod noch vereint, jeder in seiner ureigensten und unverbogenen Gestalt. Die Meditation der Eustachiuslegende kann so einen Weg zeigen, mit den eigenen Beziehungskonflikten und mit der Familiensituation so umzugehen, daß Verwandlung und Heilung möglich ist, daß jeder ganz er selbst bleibt und daß all die schmerzlichen Erfahrungen etwas Neues und Echtes hervorbringen können.

DER HEILIGE GEORG

Der Befreier vom Drachen des Bösen

Der hl. Georg ist in Ost und West gleichermaßen beliebt. In England wird er besonders verehrt. Seiner Fürbitte werden viele Wunder zugeschrieben. Er ist zum Symbol christlicher Tapferkeit geworden. Die Pfadfinder haben ihn zum Patron erkoren, weil er ihnen vorgelebt hat, treu und mannhaft und mit reinem Herzen seinen Dienst zu tun. Georg war römischer Offizier unter Kaiser Diokletian und starb um Jahr 305 den Martertod. Sein Fest wid am 23. April gefeiert. Die Kunst stellt ihn seit dem 12. Jhd. immer wieder dar. Die Blütezeit der Georgsdarstellungen ist das 15. und 16. Jhd. Er wird dargestellt als Ritter in Rüstung oder Waffenrock. Er trägt eine Lanze oder ein Schwert. Zu seinen Füßen ist der Drache, den er mit der Lanze durchbohrt. So stellt es auch Jörg Riemenschneider dar. Oft ist Georg hoch zu Roß und kämpft mit dem Drachen, so etwa auf einem Gemälde von Raffael. Dort ist auch das Mädchen betend dargestellt, das Georg vom Drachen befreit.

Georg hatte der Legende nach den Rang eines Obersten. Der Kaiser schätzte seine Tapferkeit. Doch als der Kaiser anfing, die Christen zu verfolgen, trat ihm Georg mannhaft entgegen und machte ihm heftige Vorwürfe. Der Kaiser ließ ihn in Ketten legen und foltern. Aber je grausamere Foltern der Kaiser anwand, desto getroster wurde Georg. Seine Wunden heilten auf wunderbare Weise, weil Gott selbst ihm nachts zu Hilfe kam. So sah der Kaiser wohl ein, daß er ihn nicht überwinden könne. „Da die üblichen Martern nicht ausreichten, mußte man neue erfinden. Georg erhielt den Namen ‚der große Märtyrer', Megalomartyr, denn er litt tausend Tode nacheinander." (Melchers 241) Schließlich wurde er enthauptet.

Bekannt geworden ist Georg durch seine Begegnung mit dem Drachen. „Die Legende erzählt, daß Georg eines Tages aus Nikomedien in die Stadt Silene in Lybien kam. In der Nähe dieser Stadt hielt sich in einem großen Sumpf ein wüster Drache auf. Die Bewohner der Stadt fürchteten sich vor ihm sehr. Um ihn nicht zu reizen und um ihn von der Stadt fernzuhalten, brachten sie jeden Tag zwei Schafe zum Sumpf, die der Drache als Nahrung verzehrte. Als die Zahl der Schafe immer kleiner wurde, opferten sie dann jeden Tag nur mehr ein Schaf, gaben aber noch ein kleines Kind dazu. Als nach dem Los einmal auch die Tochter des Königs ausgeliefert werden sollte, wartete dieser eine ganze Woche lang, er konnte sich von seinem geliebten Kind nicht trennen. Schließlich blieb ihm aber doch nichts übrig, er gab seine Tochter her.

Da kam gerade der heilige Georg dazu. Das Mädchen erzählte ihm von den schrecklichen Opfern, die dem Drachen gebracht werden müßten; wenn Georg sein Leben achte, solle er, bevor der Drache noch aus dem Sumpfe steige, flüchten und so sein Leben retten. Dazu konnte der Held sich nicht entschließen, im Gegenteil, er stürmte gegen den Drachen los und erschlug ihn nach einem heftigen Kampfe. So wurde die Königstochter und mit ihr die ganze Stadt gerettet. Die Folge war, daß der König und alle seine Untertanen den christlichen Glauben annahmen." (Hildebrand 35)

Der Drache ist Bild des Bösen, des Dunklen und Schattenhaften in unserer Seele. Es gibt den Weg, den Schatten zu integrieren, wie es die Geschichte der hl. Margarete zeigt. Es gibt aber auch den Weg, den der hl. Georg verkörpert. Manchmal müssen wir das Ungeheuer, das aus dem Sumpf unseres Unbewußten aufsteigt, auch töten. Sonst würde es nicht nur unsere Schafe, sondern auch das Kind in uns vernichten. Es würde das Unverfälschte und Unberührte in uns verschlingen. Georg ist ein Bild für das Mannhafte in uns, das keine Angst hat vor dem Drachen, der aus den Tiefen unserer Seele emporsteigt. C.G. Jung sagt wiederholt, daß sich manche dämonischen Bilder aus dem kollektiven Unbewußten nicht integrieren lassen, daß man sie nur töten könne. Manches in uns muß herausgeworfen werden, sonst würde es uns verschlingen. Das können depressive Gedanken sein, die wie ein Sumpf uns nach unten ziehen. Das können mörderische Impulse sein oder destruktive Tendenzen. Georg zeigt uns, daß wir diesem Drachen in uns nicht hilflos ausgeliefert sind, sondern daß wir mit Gottes Hilfe dagegen kämpfen können.

Die Legenda aurea kennt verschiedene Deutungen des Namens Georg. Georg heißt eigentlich der Landmann, der die Erde bebaut. Aber man könnte es auch ableiten von gerar, heilig, und gyon, Kampf. Georg ist dann der heilige Streiter, der mit dem Drachen und dem Henker gekämpft hat. „Oder Georg kommt von gero, Pilger; gir, kostbar; und ys, Ratgeber: denn er war ein Pilger in Verachtung der Welt, kostbar durch seine Märtyrerkrone und ein Ratgeber, da er in dem Königreiche predigte." (Legenda aurea 300) Die verschiedenen Bedeutungen des Namens Georg zeigen, für wieviel Weisen gelungener Menschwerdung er steht. Er ist ein Bild des tapferen Streiters, aber genauso auch des Menschen, der die Erde bebaut, der also den Acker seiner Seele bebaut, daß er Frucht bringe für Gott. Und er ist ein Bild des Pilgers, der durch diese Welt fährt und genau weiß, daß er von woanders her kommt, daß er einen himmlischen Ursprung hat. Dieser himmlische Ursprung gibt dem hl. Georg den Mut, gegen den Drachen zu kämpfen und ihn zu besiegen. Der himmlische Ursprung schenkt dem Heiligen auch das Vertrauen, durch alle Foltern seiner Henker hindurchzugehen. Er weiß, daß seine Wunden heilen, daß die Menschen ihm keine Wunden zufügen können, die Gott nicht in neues Leben zu verwandeln vermag. Die Heilung der Wunden ist ja ein häufiges Motiv in den Legenden der Nothelfer. Über Nacht kommen Engel oder Christus selbst, um die Wunden zu heilen, die grausame Menschen den Heiligen zugefügt haben. Gott wird unsere Wunden immer wieder heilen. Aber irgendwann werden wir auch von der tödlichen Wunde getroffen. Wenn Gott es will, dann werden wir sterben. Aber auch der Tod wird uns nicht besiegen. Er wird uns nur das Tor zum wahren Leben öffnen.

Georg ist neben Achatius und Eustachius der dritte Soldat im Reigen der 14 Nothelfer. Unserem Bild des friedliebenden Heiligen widerspricht die Tatsache, daß die drei aktiv gegen den Feind gekämpft haben und vom Kaiser sogar wegen ihrer Tapferkeit belohnt worden sind. Aber in diesen drei heiligen Soldaten zeigt uns die Volksfrömmigkeit, daß wir auch als Christen gut mit unserer Aggression umgehen müssen. Ich erlebe bei frommen Menschen häufig, daß sie die zwei wichtigsten Lebensenergien verdrängt haben, die Aggression und die Sexualität. Wer die Aggression verdrängt, der braucht seine ganze Energie dazu, sich anzupassen, nach außen hin eine freundliche Fassade aufzubauen, sich und seine Emotionen zu beherrschen. Aber häufig richten diese Menschen dann ihre Aggressionen nach innen und werden depressiv. Oder aber sie zeigen auf versteckte Weise ihre verdrängten Aggressionen. Sie äußern sich dann in giftigen Bemerkungen, in zynischen Äußerungen, in Härte und Selbstgerechtigkeit. Man schimpft dann auf alle, die sich nicht genügend anstrengen, den Willen Gottes zu erfüllen. Die Aggression ist eine wichtige Lebensenergie. Sie gibt uns die Kraft, uns in gesunder Weise abzugrenzen von den Erwartungen und Forderungen unserer Umwelt und uns gegen Kräfte zu wehren, die uns nicht gut tun. Georg hat den Drachen getötet, der soviele Menschen verschlungen hat. Es gibt Menschen, die uns mit ihrer Liebe vereinnahmen und verschlingen möchten. Gegen sie müssen wir uns abgrenzen. Und es gibt Menschen, die uns mit ihrer Unzufriedenheit anstecken möchten. Auch da brauchen wir die Aggression, um uns davor zu schützen. Die drei hl. Soldaten wollen uns Wege weisen, unsere Aggression nicht zu verdrängen oder als unfromm abzutun, sondern sie konstruktiv einzusetzen auf dem Weg unserer Menschwerdung.

DIE HEILIGE KATHARINA

Die Heilerin zerbrochener Lebensentwürfe

Katharina heißt „die allzeit Reine". Sie ist Patronin der Gelehrsamkeit, der Philosophen und der Studenten. Ihre Hilfe wird angerufen bei Migräne und Zungenkrankheiten und zur Auffindung Ertrunkener. Sie wird dargestellt mit einer Krone, da sie Königstochter war, mit dem zerbrochenen Rad, mit einem Buch, Schwert und Palme, manchmal auch mit einem Ring, der die mystische Vermählung mit Christus symbolisiert. Denn der Legende nach soll ihr in der Nacht Maria mit ihrem Kind Jesus erschienen sein. Jesus „neigte sich zu ihr herab und steckte ihr einen goldenen Ring an den Finger zum Zeichen, daß sie von nun an seine Braut sei. Als Katharina erwachte und den Ring wirklich am Finger glänzen sah, warf sie sich auf die Knie nieder und gelobte ihrem göttlichen Bräutigam, immer jungfräulich zu leben und zu sterben." (Ströter 102) Oft liegt zu ihren Füßen eine männliche Gestalt mit Krone. Sie stellt den Kaiser Maxentius dar, den die Heilige besiegt hat durch ihre Vorhaltungen und durch ihre Argumentation. Jörg Riemenschneier hat Katharina nur mit Königskrone und Schwert dargestellt. Katharina wurde 310 enthauptet. Ihr Fest wird am 25. November gefeiert.

Katharina war eine Königstochter von schönem Aussehen. Da ihre Eltern schon gestorben waren, lebte sie allein mit Dienern in ihrem Palast. Sie war in allen Künsten und Wissenschaften sehr gut ausgebildet. Sie besaß also zugleich Reichtum, Schönheit und Weisheit. Ein Einsiedler hatte sie in der Lehre Christi unterwiesen und getauft. Als der Kaiser Maxentius in die Stadt kam und die Christen vor die wilden Tiere warf, trat Katharina ihm öffentlich entgegen und machte ihm heftige Vorwürfe. Der Kaiser war von der Schönheit und Klugheit der jungen Frau sehr angetan. Er ließ 50 Philosophen kommen, um Katharina zu widerlegen. Doch Katharina überwand sie alle. Und viele von ihnen ließen sich taufen. Da ließ sie der Kaiser alle auf dem Scheiterhaufen verbrennen. Katharina ließ er mit Ruten schlagen und schwer verwundet in den Kerker schaffen. Aber Christus und seine Engel pflegten sie. Als die Kaiserin sie nachts besuchte, wunderte sie sich, daß sie in leuchtendes Licht getaucht war. Katharina überzeugte sie vom christlichen Glauben, so daß die Kaiserin sich taufen ließ. Als der Kaiser von seiner Dienstfahrt zurückkam, wunderte er sich, daß Katharina genauso blühend aussah wie zuvor. So befahl er, daß man vier Eisenräder fertigte, mit spitzen Nägeln daran. Mit denen sollte sie zu Tode geschleift werden. Doch ein Engel kam und zerstörte das Räderwerk. Der Kaiser war wütend und befahl, Katharina zu enthaupten. Aus ihrem Leib floß kein Blut, sondern Milch. Ihr Leichnam wurde von Engeln aufgenommen und zum Berg Sinai getragen, dorthin, wo Mose vor dem brennenden Dornbusch gestanden war. Das zerbrochene Rad, mit dem Katharina dargestellt wird, kann verschiedene Bedeutungen haben. Einmal ist es ein Bild des Sonnenrades und des göttlichen Lichtes der Sonne. Katharina, die reine Frau, ist Tochter der Sonne. Sie zeigt, daß die göttliche Sonne alles in uns erleuchten kann. Das Rad kann auch ein Bild für das Spinnrad sein, das ein Attribut der Göttin Freya war, deren Fest am 25. November, dem Katharinentag, gefeiert wurde. Das Rad zeigt uns, daß Gott unsere Fäden in den Händen hält, und daß es ein guter, ein mütterlicher Gott ist, auf den wir vertrauen dürfen. Am Fest der Freya durfte man kein Spinnrad treiben. Am Katreinentag darf kein Rad rundgehen, sagt der Volksmund. Der 25. November leitet schon zum Advent über. Das alte Rad hat sich zu Ende gedreht. Das Rad kann auch ein Bild für das Todesrad sein, für das Auf und Ab, das unser Dasein bestimmt. Das zerbrochene Rad ist ein Zeichen dafür, daß wir frei geworden sind von der Anbindung an das Rad des Todes. Engel zerstören wie bei Katharina auch bei uns das Rad der Gebundenheit und führen uns in die Freiheit Christi. Sterbende dürfen mit der Hilfe Katharinas darauf vertrauen, daß ihr Schicksalsrad durch die göttliche Hilfe durchbrochen wird. Daher wird Katharina oft in Todesnot angerufen. Niemand, so sagt uns dieses Symbol, hat mehr Macht über uns. Unser Rad wird in Gott hinein vollendet.

Die Wunde, für die man die Hilfe der hl. Katharina anfleht, könnte man als zerbrochene

Lebenspläne bezeichnen. Viele haben das Gefühl, ihr Lebenswerk sei zerbrochen, ihre Pläne gescheitert. Das zerbrochene Rad der hl. Katharina deutet uns unsere zerbrochenen Lebenspläne. Ein Engel Gottes selber hat sie zerbrochen, damit wir nicht Sklaven unserer eigene Pläne bleiben, sondern immer wieder neu das erfüllen, was Gott heute von uns will uns was uns heute zum Heil dient. Auch das Gebrochene und Zerbrochene gehört zu uns. So stellt es die Kunst im Bild der hl. Katharina dar. Gerade durch das Zerbrechen unserer Vorstellungen kann wahre Weisheit wachsen, die Einsicht in das Geheimnis unseres Lebens, so wie Gott es konzipiert hat. Zerbrochene Lebenspläne können uns selbst zerbrechen, wenn wir starr festhalten an unseren Vorstellungen. Doch sie können uns auch aufbrechen für das Geheimnis der Liebe Gottes. Katharina will uns einweihen in das Geheimnis unseres Lebens, das gerade durch Gebrochenheit hindurch hineinwächst in die Gestalt wahrer Schönheit, in die ursprüngliche und unverfälschte Gestalt, in die Gott uns hineinformen möchte.

Ein anderes Bild ist die Milch, die aus Katharina fließt. Milch ist nicht nur Nahrung für den Leib, sondern auch für die Seele. Sie bedeutet Unsterblichkeit. In der Antike spielt die Milch eine wichtige Rolle bei der Einweihung in die Mysterien. Im Christentum wird sie Neugetauften bei der ersten Eucharistie gereicht. In Sagen und Legenden ist die Verwandlung von Blut in Milch Erweis der Unschuld des Hingerichteten und zugleich Zeugnis für die Reinheit und Keuschheit eines Menschen. Die Milch ist mütterliche Gabe. Erich Neumann, der Schüler C.G. Jungs, meint, die Milch sei ein Bild für das Große Weibliche, für die nährende Dimension und zugleich für die Sophia, für die Weisheit. Milch hat immer mit Wandlung zu tun. Die Milch, die aus Katharinas Leib fließt, ist ein Zeichen dafür, daß der Mensch zu einer nährenden Quelle für andere wird, wenn er sich wie Katharina an Gott bindet, daß er andere zur Weisheit führen kann, wenn er sich vom Geist Gottes durchströmen läßt. Und sie ist Zeichen dafür, daß uns Katharina, die reine und für Gott ganz und gar durchlässige Frau, einführt in das Geheimnis Gottes, in das Geheimnis der göttlichen Liebe.

Katharina wird bei Zungenleiden angerufen. Sie hat durch ihre glänzende Rede die 50 besten Philosophen ihrer Zeit widerlegt. Zungenleiden, das kann Stottern meinen, eine innere Hemmung, die oft aus der Angst kommt, man könne nicht gut genug sprechen. Andern bleibt die Stimme weg. Das kann verschiedene Ursachen haben. Dem einen verschlägt es die Sprache, weil er etwas erlebt hat, was für ihn zutiefst sinnlos ist, wogegen er sich aber nicht wehren kann. Dem andern versagt die Stimme, weil er sich die Wut verbietet, die er eigentlich herausschreien möchte. Die Stimme ist ein wichtiger Indikator, ob es mit mir „stimmt". Wenn es mir nicht gut geht, wird auch meine Stimme flach und gepreßt. Wenn ich vor andern blockiert bin, wird sich das auch auf die Stimme schlagen. Katharina kann nicht nur so glänzend sprechen, weil sie gut gebildet ist, sondern weil sie dem Geist Gottes vertraut. Sie steht nicht unter dem Druck, sich im Sprechen beweisen oder die Philosophen besiegen zu müssen. Sie spricht das aus, was der Geist ihr eingibt. Sie stimmt überein mit ihrem Herzen, mit dem Geist, den Gott ihr schenkt. Wenn Katharina in solchen Zungenleiden angerufen wird, dann drückt sich darin die Hoffnung aus, daß auch wir so „rein und lauter" sein dürfen wie Katharina, daß auch wir mehr und mehr übereinstimmen mit dem Geist Gottes in unserem Herzen. Dann werden auch wir das mit unserer Zunge ausdrücken können, was uns das Herz sagt.

Katharina wird auch als Nothelferin angerufen bei Lernproblemen. Das ist heute eine Not, unter der viele Kinder leiden und die manchen Eltern Probleme bereiten. Sie möchten den Kindern beim Lernen helfen. Aber sie werden immer wieder mit ihrer Ohnmacht konfrontiert. Alles Helfen fruchtet nicht. Das Kind möchte lernen. Aber es kann nichts behalten. Es kann sich nicht konzentrieren. Katharina als die reine und lautere Frau zeigt, wie Lernen gelingen kann. Ich muß mich zuerst befreien von all dem inneren Unrat, der mich ständig in Beschlag nimmt. Viele können nicht lernen, weil sie sich zu sehr mit anderen Problemen beschäftigen. Das können traumatische Erfahrungen sein, das können Ängste sein, Verletzungen, die sie verdrängt haben, die aber im Unbewußten weiter wirken. Eine junge Frau, die in ihrer Klasse das beste Abitur geschrieben hatte, konnte als Studentin nicht mehr lernen, weil sie an Eßsucht litt. Die Eßsucht zeigte ihr, daß sie sich zutiefst nach Liebe und Nähe sehnte, daß es nicht genügte, nur mit Verstand und Willen zu leben, sondern daß da ganz tiefe Bedürfnisse in ihr auch befriedigt werden wollen. Manchmal ist die Unfähigkeit zu lernen auch Ausdruck verdrängter Aggression. Je mehr sich die Mutter um das lernende Kind kümmert, desto mehr wächst in ihr ein unbewußter Widerstand. Das ist für manche Kinder der einzige Weg, ihre Aggression zu zeigen oder ihre Sehnsucht nach Zuwendung auszudrücken. Die Reinheit der hl. Katharina können wir nicht kopieren. Aber wir können ihr ein Stück näher kommen, wenn wir all die unbewußten Aggressionen und Widerstände Gott hinhalten, damit wir den Kopf frei bekommen für das Lernen. Lernen und effektives Arbeiten ist immer Ausdruck eines in sich stimmigen Menschen, eines Menschen, der wie Katharina rein und durchlässig geworden ist für Gottes Geist. Es ist also nicht nur ein psychologisches, sondern letztlich ein spirituelles Problem. Dafür steht die Gestalt der hl. Katharina.

DIE HEILIGE MARGARETE

Die Integration des Schattens

Margarete bedeutet eigentlich „Perle". Die Legenda aurea leitet ihren Namen von einem Edelstein ab, der Margarita genannt wird. „Dieser Stein ist weiß und klein und voll Kräfte. Also war Sanct Margareta weiß durch ihre jungfräuliche Reinheit; klein durch ihre Demut; voll Kräfte durch die Wunder, die sie wirkte. Die Kraft des Steines, sagt man, sei gut den Fluß des Blutes zu stillen; das Leiden des Herzens zu heilen; und den Geist zu stärken." (Legenda aurea 463) Margarete ist das Bild des Menschen, der die kostbare Perle gefunden hat, der in Berührung ist mit dem unverfälschten Bild, das Gott sich von ihr gemacht hat. Ihre Geschichte zeigt, wie auch unser Weg der Selbstwerdung gelingen kann. Margarete wurde um 307 enthauptet. Ihr Fest ist am 20. Juli. Dargestellt wird sie mit Stabkreuz und einem Drachen zu ihren Füßen. Manchmal stößt sie dem Drachen das Stabkreuz in den Rachen. Manchmal hält sie den Drachen an einem Strick angebunden. In Estenfeld trägt Margarete eine Krone und hält den Drachen an einem Strick. Mit der rechten Hand macht sie eine weit ausladende Geste, Zeichen der inneren Freiheit und Weite.

Margarete war die Tochter eines heidnischen Priesters in Antiochia. Nach dem frühen Tod der Mutter wurde sie von einer christlichen Amme erzogen. So wurde sie selbst Christin. Als sie herangewachsen war, bekannte sie ihrem Vater gegenüber, daß sie an Christus glaube. Vor dem Wüten des Vaters flieht sie zu ihrer Amme und hütet dort die Schafe. Als der Präfekt Olybrius vorbeiritt, war er von ihrer Schönheit hingerissen und begehrte sie zur Frau. Sie weigert sich und bekennt sich zu Christus. Der Präfekt läßt sie ins Gefängnis werfen und brutal foltern. Mit eisernen Kämmen riß man ihr das Fleisch vom Leib. Aber in der Nacht kamen Engel und heilten ihre Wunden, so daß sie noch schöner und blühender wurde als zuvor. Als sie in der Nacht von Angst und Schmerzen gepeinigt wurde, erschien vor ihr ein greulicher Drache und wollte sich auf sie stürzen. Sie schlug das Zeichen des Kreuzes über das Untier. „Dann packte sie es mutig und warf es zur Erde nieder und setzte den Fuß auf seinen Scheitel. Der Teufel in der Gestalt des Drachens aber schrie laut: ‚Weh mir, nun bin ich von einer schwachen Jungfrau überwunden worden' – und verschwand alsbald. Und mit einem Mal wurde ihr Gefängnis von einem wunderbaren Licht durchstrahlt, das gab ihr himmlische Kraft und sie war getrost." (Melchers 447) Nach neuen Qualen, die ihr der Präfekt zufügte, wurde sie schließlich enthauptet. Vor ihrem Tod kniete sie nieder und betete zu Gott für alle, die sie in ihren Nöten anrufen würden.

Wenn Margarete dargestellt wird, wie sie einen Drachen am Band spazieren führt oder gar auf ihm reitet, dann ist das durch die Legende nicht gedeckt. Die Kunst hat die Legende weiter ausgedeutet. Sie hat in diesem Bild einen anderen Weg der Schattenbewältigung dargestellt als beim hl. Georg. Der Schatten wird nicht getötet, sondern integriert. Er wird gezähmt. Auf diese Weise dient er der Heiligen. Sie kann auf ihm reiten. Sie bekommt einen größeren Horizont. Sie erhält durch ihn neue Kraft. Der Schatten wird für sie zu einer Quelle neuer Energie. Das ist ein schönes Bild für die menschliche Selbstwerdung. Es gibt das Dunkle, das wir aus uns herauswerfen und töten müssen. Es gibt aber auch den Schatten, mit dem wir uns anfreunden sollten. Wir müssen uns anfreunden mit der verdrängten Aggression. Dann dient sie uns dazu, uns besser abzugrenzen und für uns zu sorgen. Wir müssen uns aussöhnen mit der verdrängten Sexualität. Dann wird sie für uns zu einer Quelle der Fruchtbarkeit und Lebendigkeit. Der Schatten entsteht dadurch, daß wir einen Pol unseres Lebens vernachlässigen, entweder aus Angst, weil er unserem Idealbild nicht entspricht, oder einfach, weil wir von dem andern Pol so fasziniert sind, etwa vom Pol unseres Verstandes oder unseres Willens. Jeder von uns hat einen Schatten, weil wir nie immer alles zugleich leben können. Aber spätestens in der Lebensmitte ist es unsere Aufgabe, den Schatten zu integrieren, das bisher vom Leben Ausgeschlossene anzuschauen und ihm angemessen Rechnung zu tragen. Die Integration des Schattens bereichert uns, befreit uns vor Einseitigkeit und führt uns zur Ganzheit. Sie macht uns so gelassen und frei, wie es die Figur der hl. Margarete in Estenfeld darstellt. Denn wir brauchen unsere Energie nicht mehr dazu, um das Verdrängte unter Verschluß zu halten und den Schatten vor andern zu verbergen. C.G. Jung nennt den Schatten auch das persönliche Unbewußte. Dem setzt er das kollektive Unbewußte gegenüber, in dem Bilder und Symbole der Menschheitsgeschichte gespeichert sind. Hier gibt es auch gefährliche Bereiche, dämonische Bilder, vor denen man sich schützen muß. Da bedarf es der Georgskraft in uns, um diesen Drachen zu töten.

Margarete wird vor allem von gebärenden Müttern angerufen, die sie um eine glückliche Entbindung bitten. Auch gegen Unfruchtbarkeit wird sie angefleht. Frauen haben sich offensichtlich von Margarete verstanden gefühlt. Und sie haben sie gebeten, ihnen zu helfen, ihr Frausein zu bejahen. Unfruchtbarkeit ist ja manchmal durch die Angst bedingt, die Kontrolle über sich zu verlieren. Wer all seine Lebensäußerungen kontrollieren möchte, der tut sich auch schwer, sich in der Sexualität völlig loszulassen und die Kontrolle aufzugeben. Auch bei der Geburt geht es darum, das Kind loszulassen und es herzugeben. Frauen haben Margarete angerufen und sie gebeten, ihnen zu helfen, ihr Vertrauen auf Gott zu setzen und in diesem Vertrauen sich hinzugeben und loszulassen. Die Verehrung der hl. Margarete war für sie der Ort, an dem sie ihre Sehnsüchte und Ängste als Frauen vor Gott bringen konnten und sich von Gott verstanden fühlten. In Margarete sehen sie sich selbst dargestellt. Und indem sie sie anschauen, fühlen sie sich geschützt vor aller männlichen Gewalt, die der Heiligen nichts anhaben kann. Männer können sie noch so brutal foltern und verletzen, in der Nacht kommen immer wieder die Engel und heilen ihre Wunden, so daß sie schöner aussieht als zuvor.

Das Thema der sexuellen Gewalt und Vergewaltigung ist heute ja neu ins Bewußtsein gehoben worden. Es gibt sowohl in der Ehe wie außerhalb oft körperliche und psychische Gewalt. Da reißen brutale Männer der Frau wirklich das Fleisch vom Leib, wie es in der Legende der hl. Margarete erzählt wird. Aber sie können ihr nichts anhaben. Denn die Engel stellen sie nachts wieder her und geben ihr ihre unantastbare Würde und Schönheit wieder. Trotz aller innerer und äußerer Verletzungen bleibt Margarete in ihrem Kern unverletzt. Das hat seit jeher Frauen fasziniert und sie schöpften in der Verehrung der hl. Margarete Hoffnung, daß auch sie mit ihrem unverletzten Kern in Berührung kommen und mit den Engeln, die sie der Macht brutaler Männer entreißen und ihre Wunden heilen. Männer können sie weder physisch noch psychisch so verletzen, daß sie ihnen ihre Würde rauben können. Auch wenn Entwertungen sie tief ins Herz treffen, so wissen sie doch, daß es in ihnen einen Raum gibt, in dem sie kein Wort, keine Verachtung, keine Beschimpfung verletzen kann, einen Ort in mir, an dem ich unverletzt bleibe, an dem meine Würde unantastbar ist.

Nach der Legende bat Margarete in ihrer Sterbestunde, daß alle Mütter, die sie um Hilfe bäten, von Gott her Beistand fänden. Die Integration des Schattens und die Geburt des Kindes scheinen auf den ersten Blick zwei verschiedene Aspekte der hl. Margarete zu sein. Aber in Wirklichkeit gehören beide Aspekte zusammen. Die Integration des Dunklen in uns führt oft zu einer Erneuerung unseres Lebens, gleichsam zu einer Neugeburt. Der Drachen hindert uns nicht mehr am Leben, sondern er dient dem inneren Kind, dem unverfälschten Bild Gottes in uns, damit es sich in alles einbilden kann, was in uns ist. Die Geschichte der hl. Margarete zeigt, daß sie ihre Perle gefunden hat, daß sie das ursprüngliche Bild Gottes in seiner Reinheit dargestellt hat. Es war für sie nicht einfach. Sie mußte sich gegen den Vater durchsetzen, der sie von ihrem Weg abhalten wollte. Sie mußte sich gegen den Präfekten Olybrius abgrenzen, der sie leidenschaftlich zur Frau begehrte. Sie mußte durch zahlreiche Folterungen gehen. Aber sie wußte Gottes Engel um sich, die ihre Wunden immer wieder heilten. Die Landfrauen haben in Margarete ihre Patronin gesehen. Das hat nicht nur in der Legende ihren Grund, die erzählt, daß Margarete aufs Land geflohen sei und dort Schafe gehütet habe. Margarete als Patronin des Nährstandes ist das Symbol der nährenden Frau geworden, nicht nur der Frau, die als Bäuerin für die äußere Nahrung sorgt, sondern auch der mütterlichen Frau, die für ihre Kinder und für viele andere Quelle von Nahrung und Inspiration ist. In ihr leuchtet uns Gott auf, der für uns sorgt, der unsern Leib und unsere Seele nährt.

DER HEILIGE PANTALEON

Der Arzt für die Ausgebrannten und Ausgezehrten

Pantaleon war der Leibarzt des Kaisers Maximian und starb um 305 den Martertod zu Nikomedien. Sein Name heißt der „Löwenstarke". Griechisch heißt er Panteleimon und das bedeutet: ganz mitfühlend, der Allerbarmer. Auf dem Berg Athos wurde im 11. Jahrhundert das Kloster Panteleimon gegründet. In Köln gibt es die wunderbare romanische Kirche St. Pantaleon. Das Attribut des hl. Pantaleon ist der Nagel, mit dem ihm seine Hände aufs Haupt genagelt wurden, und das Arzneifläschchen, das ihn als Arzt kennzeichnet. Er ist der Patron der Ärzte und wird angerufen bei Kopfweh, Auszehrung und bei Viehseuchen. Er starb den Martertod im Jahre 305. Sein Fest ist am 27. Juli.
In Estenfeld ist er als jugendlicher Märtyrer dargestellt, an einen Baum gebunden, die angenagelten Hände über den Kopf haltend. Die Figur hat einen fröhlichen Ausdruck. Der Tod kann dem Arzt Pantaleon nichts anhaben.

Pantaleon war der Sohn eines heidnischen Senators. Er ging in die Schule eines weisen Arztes. Hermelius, ein heiliger Mann, ermahnte ihn, er solle sich taufen lassen. Als der Heilige einmal auf ein Kind traf, das von einer Natter getötet worden war, bat er im Namen Jesu um die Heilung. Es wurde sofort geheilt. Da ging Pantaleon mit dem Kind zu Hermelius und ließ sich taufen. Er wollte auch seinen Vater zu Christus bekehren. Der aber wollte nicht. Einmal begegnete er mit seinem Vater einem blinden Mann. Als Pantaleon ihn heilte, ließ sich nicht nur der Blinde taufen, sondern auch sein Vater, der von dieser Heilung sehr beindruckt war.

Man verklagte Pantaleon beim Kaiser, daß er Christ sei. Vor den Augen des Kaisers heilte er einen siechen Mann. Da drängten die andern Ärzte den Kaiser dazu, Pantaleon unschädlich zu machen. Der Kaiser ließ glühendes Blech bringen und den heiligen Arzt damit brennen. Er warf ihn in den Kerker und verbot, ihm zu essen und zu trinken zu geben. Doch Christus selbst pflegte seinen Diener und heilte seine Wunden, so daß er frisch und gesund erschien. Der Kaiser ließ ihn ins Wasser werfen, aber die Wellen trugen ihn ans Land. Er sperrte ihn in einen Garten voller wilder Tiere. Aber sie verkehrten friedlich mit ihm. Schließlich band man ihn an einen Ölbaum und schlug ihn so lange mit Dornen, bis das Blut von ihm rann. „Gott aber ehrte seinen Heiligen mit einem schönen Zeichen. Wo sein Blut hinging, da ward nämlich alles grün und schön und der dürre Baum tat blühen und trug süße Frucht. Und überall wo sein Blut hinkam, ward alles voller Rosen, Lilien und Veilchen. Als die Menschen dies sahen, ließ sich wiederum viel Volk taufen." (Melchers 463) Ein Ritter band Pantaleons Hände über seinem Kopf fest und schlug ihm einen großen Nagel durch die Hände in sein Haupt. Pantaleon betete zu Gott und empfahl seinen Geist in Gottes Hände.

Pantaleon zeigt uns, daß Gott selbst der Arzt für unsere Wunden ist. Die Menschen können uns noch so sehr verletzen. Sie können uns letztlich nicht schaden. Alle Martern, die sie sich ausdenken, bewirken das Gegenteil, wenn wir wie Pantaleon unser Vertrauen auf Gott setzen. Weder das Wasser, noch das Feuer, weder wilde Tiere noch die Dornen des Dornstrauchs können uns wirklich verletzen. Wenn wir in Christus unsern Grund haben, dann schwemmt uns das Unbewußte nicht weg. Die Leidenschaften und die Triebe, die im Feuer und in den wilden Tieren dargestellt sind, können uns nicht zerreißen. Die Verehrung des hl. Pantaleon bestätigt die Wahrheit des Satzes, den der hl. Johannes Chrysostomus in einer Rede aufgestellt hat: „Niemand kann dich verletzen, wenn du es nicht selbst tust." Die Menschen mögen uns noch so verletzen wollen, sie können uns nicht schaden, wenn wir uns nicht selbst verletzen. Das Vertrauen auf Gott befreit uns von der Macht der Menschen und schützt uns gegenüber den Verletzungen, die sie uns aus Haß oder Eifersucht oder sonstigen Motiven zufügen möchten. Das zeigt die Legende im Bild der Dornen, mit denen die Menschen Pantaleon zerkratzen. Auch wenn die Dornen uns noch so tief verwunden, so können unsere Wunden doch zu Quellen des Lebens werden. Das wird in dem schönen Bild ausgedrückt, daß das Blut des Heiligen überall grünendes und blühendes Leben hervorruft und Rosen, Lilien und Veilchen wachsen läßt. Der Ölbaum ist Bild für die heilende Kraft des Glaubens. Mit Öl heilte man ja in der Antike die Wunden. Die Blumen sind Ausdruck der Freude, die uns niemand nehmen kann. Und sie sind Zeichen für den überwundenen Winter. Dort, wo wir an Christus glauben, schmilzt das Eis unserer kalten Herzen und das Leben Gottes blüht auf. Die Rose weist hin auf die Ganzheit des Menschen, die Lilie ist Bild für Unschuld und Reinheit und Symbol für die Gnade Gottes, die gerade durch unsere Wunden erfahrbar wird. Das Veilchen ist Symbol der Demut. Unsere Wunden weisen uns hin auf die eigene Wirklichkeit, auf unsere Erdhaftigkeit (humilitas). Wenn wir uns mit unsern Wunden aussöhnen, werden sie zu einer Quelle fruchtbaren Lebens für uns selbst und für die Menschen um uns herum, die sich an den Blumen erfreuen. So ist Pantaleon, der christliche Arzt, Bild für Gott als den wahren Arzt unseres Leibes und unserer Seele geworden. Gott wird die Wunden heilen, die andere uns zufügen. Gott wird unsere Wunden verwandeln, daß das Herzblut, das aus unseren Wunden strömt, um uns alles grünen und blühen läßt.

So wird in Pantaleon das Wesen christlicher Therapie sichtbar. Wir haben keine Garantie, daß der Glaube uns davor schützt, verwundet zu werden. Pantaleon ist schwer verwundet worden. Aber er durfte erfahren, daß Gott manche Wunden vollständig heilt, so daß er genauso gesund und lebendig wurde wie zuvor. Aber irgendwann wird uns das Leben auch an den Ölbaum binden, von dem wir nicht mehr loskommen. Und irgendwer wird uns eine tödliche Wunde zufügen. Irgendwann werden wir an einer Krankheit sterben. Aber wenn wir dann wie Pantaleon an den Ölbaum der göttlichen Liebe gebunden sind, wird auch die todbringende Krankheit uns nicht erstarren lassen, sondern neues Leben in uns und um uns herum aufblühen lassen. Und wenn wir ja sagen zu unserem Tod, dann wird gerade unser Tod zum Segen werden und zum Samen für neues Leben.

Pantaleon wird dargestellt, wie er seine Hände über dem Kopf hält und ein Nagel durch die Hände in den Kopf geht. Pantaleon ist festgenagelt. Er ist bewegungsunfähig. Es ist eine grausame Todesart, die er erleidet. Aber auf den Bildern ist er oft ganz friedlich dargestellt. Seine Hände sind wie ein schützendes Dach über dem Kopf. Andere können uns noch so festnageln. Wenn wir uns innerlich aussöhnen mit unserer Situation, so kann uns keine äußere Festlegung einengen und schaden. Festgenagelt sind wir zugleich frei. Und aus der Enge, so sagt uns die Legende, wächst eine neue Weite und Fruchtbarkeit. Denn das Blut, das aus der Wunde des Pantaleon fließt, läßt ja überall neues Leben aufblühen. Heute tun wir uns schwer, uns festzulegen. Wir möchten uns lieber alle Türen offen halten. Aber dann bleibt unser Leben unfruchtbar. Wir wollen immer und überall sein und sind doch nirgends. Nirgends kann etwas wachsen. Es braucht die stabilitas, das Standhalten, die Beständigkeit, von der Benedikt schreibt, damit unser Leben Frucht bringen kann, damit unser Baum zur Blüte kommen kann.

Pantaleon wird bei Auszehrung und Viehseuchen angerufen. Er ist zuständig für alle Krankheiten, die durch Infektion ausgelöst werden und den Körper oft auszehren. Bei Infektionen dringen feindliche Erreger in den Leib ein und entzünden ihn an einer Stelle. Dafür steht das glühende Blech, mit dem man Pantaleon brannte, das ihm aber nichts anhaben konnte. Infektionskrankheiten sind oft Ausdruck innerer Konflikte, denen wir uns nicht stellen. Pantaleon hat sich den Konflikten gestellt, die von außen auf ihn zukamen. Er fühlte sich getragen von der Kraft Christi, in der er sich den feindlichen Mächten entgegenstellen konnte. Die Feinde konnten ihn verletzen, aber sie konnten ihn nicht überwinden. Das ist ein schönes Bild für den Abwehrkampf, in den der Körper bei Infektionen gerät. Wenn der Infekt nicht ausheilt, dann gibt es eine Chronifizierung. „Die nicht bereinigte Situation bildet einen Herd im Körper, an dem nun ständig Energie gebunden ist, die dem Rest des Organismus fehlt: Der Patient fühlt sich abgeschlagen, müde, antriebslos, lustlos, apathisch." (Dethlefsen 139) Das ist das typische Bild für die Auszehrung, bei der das Volk Pantaleon immer angerufen hat. Pantaleon hat sich den Konflikten gestellt, bis zuletzt, als er angenagelt wurde. Den Mut zu solchem Kampf hat er aus seiner Verbindung mit Christus gewonnen. Pantaleon ist für das Volk zum Bild des heilenden Gottes geworden, der unserem Leib genügend Kraft gibt, sich gegen feindliche Erreger zu wehren, und der so unsern Leib vor Auszehrung bewahrt. Konflikte können aber nicht nur den Leib auszehren, sondern genauso die Seele. Alles, was uns auffrißt, was uns die Energie raubt, sollten wir im Bild des hl. Pantaleon anschauen und uns in der Kraft Christi entgegen stellen. Wir vermögen das nur, wenn wir zugleich mit der inneren Quelle in Berührung sind, die in uns sprudelt, mit der Quelle des göttlichen Geistes, die nie versiegt. Sie bewahrt uns davor, ausgezehrt und ausgebrannt zu werden. Denn aus ihr strömt uns immer genügend Kraft zu, die wir für unsere Arbeit und unser Leben brauchen.

DER HEILIGE VITUS

Der Anleiter zu neuer Lebendigkeit

Der hl. Knabe Veit oder Vitus wurde vor allem im 13. und 14. Jahrhundert verehrt. 1355 wurden seine Gebeine nach Prag gebracht und darüber der berühmte Veitsdom erbaut. Der hl. Vitus wird in vielen Nöten angerufen, so vor allem beim sog. Veitstanz, einer Art Epilepsie, bei Tollwut, Schlangenbiß, Aufregung, Bettnässen, Feuersgefahr und bei Unwetter. Dargestellt wird er mit einem Kessel siedenden Pechs, in dem er steht. Löwen sind zu seinen Füßen und er führt einen Hund an der Leine. Manchmal hat er auch ein Buch in seiner Hand, auf dem ein Hahn sitzt. Der Hahn ist ein Symbol der Wachsamkeit. In Estenfeld fehlen der Vitusfigur diese Attribute. Er ist in einem vornehmen Hermelinmantel dargestellt und einem Barett auf dem Kopf. In der Hand hält er einen Krug mit Pech. Vitus heißt der Lebendige, der voller Leben ist. Daher gilt er auch als Patron der Jugend. Er wurde um das Jahr 304 gemartert. Sein Fest wird am 15. Juni gefeiert.

Der Legende nach stammt Vitus aus Sizilien und war der Sohn heidnischer Eltern. Aber von seiner Amme wurde er christlich erzogen. Als der Vater davon erfuhr, wollte er ihn von seinem Glauben abbringen. Doch es gelang ihm nicht. Da übergab er ihn dem Vogt Valerian, der ihn schlagen sollte. Doch als dessen Knechte ihn schlagen wollten, wurden ihre Arme gelähmt. Vitus heilte sie wieder durch sein Gebet. Man sperrte ihn in ein Zimmer. Als sein Vater ihn durch einen Spalt beobachten wollte, wurde er geblendet vom Glanz eines hellen Lichtes, das ihn umgab. Er wurde blind von diesem Anblick. Aber dennoch versuchte er, den Knaben zu töten. Doch ein Engel führte Vitus nach Lukanien und zwar nach Alectorius locus (= Hahnenort). Dort wurde er von einem Adler mit Brot versorgt. Er predigte den Leuten von Christus und wirkte viele Wunder. Als der Sohn des Kaisers in Rom von Besessenheit gequält wurde, hörte der Kaiser von dem wunderwirkenden Knaben und ließ ihn zu sich kommen. Vitus legte dem Besessenen die Hände auf und im gleichen Augenblick fuhr der böse Geist aus. Der Kaiser verlangte nun von dem Knaben, er solle seinem Glauben abschwören und die Götter anbeten. Als er sich weigerte, wurde er ins Gefängnis geworfen. Doch in der Nacht fielen die Ketten von ihm ab und helles Licht umleuchtete ihn. Voller Wut ließ ihn der Kaiser in einen Kessel mit siedendem Pech werfen. Aber wohlbehalten stieg Vitus aus dem Kessel heraus. Er wurde nun den Löwen vorgeworfen. Aber die leckten friedlich seine Füße. Schließlich wurde er auf die Folter gespannt. Da gab es ein furchtbares Unwetter und die Tempel der Götter fielen in Stücke. Der Kaiser floh und rief: „Weh mir, ein Kind hat mich überwunden!" (Melchers 369) Ein Engel führte Vitus ans Ufer eines lieblichen Flusses. Dort kehrte seine Seele heim zu Gott.

Soweit die Legende. Viele Motive sind ähnlich wie bei andern Nothelfern. Weder Menschen, noch Tiere, noch siedendes Pech kann Vitus schaden. Von Vitus geht etwas aus, das stärker ist als alles Feindliche, das auf ihn einströmt. Und es geht ein Lichtglanz von ihm aus, der seinen Vater blendet und die Häscher staunen läßt. Das göttliche Licht, das ihn umstrahlt, durchdringt selbst die äußerste Finsternis des Kerkers. So wird Vitus zum Bild eines Menschen, der ganz und gar von Gottes Licht und Gottes Liebe durchdrungen ist und so eine heilende und zugleich klärende Ausstrahlung hat auf die Menschen. In seiner Nähe können sich die bösen Geister nicht verstecken. Da werden sie ans Tageslicht gezerrt und müssen vor der Klarheit des Heiligen weichen. So ist es verständlich, daß Vitus bei Besessenheit angerufen wird.

Auf den ersten Blick scheint Vitus eine Verdoppelung des hl. Cyriakus zu sein, der ja auch bei Besessenheit um Hilfe angefleht wird. Bei Cyriakus ist es die Tochter des Kaisers, bei Vitus der Sohn des Kaisers, der von Besessenheit befreit wird. Die Tochter wird von einem väterlichen Menschen geheilt, von einem, der dem Herrn gehört und keinem Menschen (=Cyriakos). Der Sohn des Kaisers wird von einem

Knaben geheilt, von Vitus, der den Namen des Lebens trägt. Wer in sich Leben trägt, der kann auch andern Leben vermitteln. Besessenheit wird hier als Ersatz von Leben gesehen. Das entspricht den Erkenntnissen heutiger Psychologie. Viele sind besetzt von Zwängen, um dem Leben auszuweichen. Der Zwang steht oft für verdrängte Aggression oder verdrängte Sexualität. Anstatt den Zwang frontal zu bekämpfen, ist es daher sinnvoller, den Zwang zu befragen, welchen Sinn er hat, wofür er steht, was er vermeiden möchte. Dafür steht das helle Licht, das Vitus umgibt. In diesem Licht kann sich niemand mehr hinter seinen Zwängen verstecken. Da muß er Farbe bekennen, welcher Emotion, welchem Trieb, welcher Situation er ausweichen möchte, wovor er letztlich Angst hat und was in ihm eigentlich zum Leben kommen möchte. Der Zwang als Ersatz für ungelebtes Leben kann so zu einer Einladung werden, das Leben neu zu wagen. Vitus heißt ja „Leben". Er will uns dazu ermutigen, wirklich zu leben, der Spur des Lebens in uns zu trauen.

In der geistlichen Begleitung machen wir oft die Erfahrung, daß die Menschen, die zwanghafte Formen der Frömmigkeit praktizieren, damit dem Leben aus dem Weg gehen möchten. Sie haben Angst vor dem Leben und so gehen sie den geistlichen Weg, nicht um „das ewige Leben zu gewinnen", sondern um Leben zu vermeiden. Geistliche Begleitung heißt für uns, der Spur der je größeren Lebendigkeit zu folgen. Dort, wo einer zum Leben kommt, wo er aufblüht, wo er in seinem Herzen tief angerührt wird, dort findet er auch Gott, dort wirkt Gott an ihm, dort will Gott ihn zur Blüte bringen, dort will Gott ihn zum Leben und in die Freiheit führen, die ein wesentliches Kriterium für das göttliche Leben ist.

Die Legende des Vitus will uns zeigen, wie wir wahrhaft freie Menschen werden können. Vitus hat keine Angst vor dem Gefängnis, vor den Ketten, die ihm die Henker umlegen, vor grausamen Foltern, vor siedendem Pech und vor wilden Tieren. Er weiß sich von Gott getragen und geschützt. Weder die Verletzungen, die man ihm von außen zufügt, noch das Feuer der Leidenschaft, noch die Aggressionen, die in den Löwen dargestellt sind, können ihn in seiner inneren Freiheit einschränken. Vitus ist ein Knabe. Er hat seine Freiheit nicht durch lange Kämpfe errungen, sondern er ist frei, weil er ganz und gar auf Gott vertraut. Freiheit muß nicht mühsam erworben werden. Wir sind frei, wenn wir unser Vertrauen auf Gott setzen, wenn wir in Gott gründen. In dieser Freiheit können wir unversehrt aus dem Feuer unserer Leidenschaften steigen. Vor dieser Freiheit werden sich die wilden Tiere unserer Triebe friedlich neigen. Vitus ist der jugendliche Heilige. Er ist Bild des lebensfrohen und lebendigen Menschen. Heute ist die Leblosigkeit vieler Menschen erschreckend. Sie sind erstarrt in ihren Zwängen und Gewohnheiten, erstarrt in äußerer Hektik und Leere. Vitus ist Bild des sich erneuernden Lebens, eines Lebens, das nicht tot zu kriegen ist, weil es aus der göttlichen Quelle gespeist wird. Er ist das Gegenbild des erstarrten Lebens, wie es sich in jeder Besessenheit ausdrückt.

Das Volk hat Vitus angerufen bei Aufregung und Bettnässen. Es war offensichtlich fasziniert von der Klarheit und inneren Ruhe des heiligen Knaben. Die Henker konnten ihn noch so schmerzlich foltern. Vitus blieb innerlich ruhig und gelassen. Alle Unruhe blieb außen. Ja, bei seinen Foltern entstand ein Erdbeben und die Tempel der Götter fielen in sich zusammen. Die Unruhe erfaßte also die ganze Erde, während sein Herz davon unberührt blieb. Das ist eine Sehnsucht, die wir alle kennen. Wir lassen uns so leicht aus der Ruhe bringen. Wir sorgen uns um vieles. Wir sind aufgeregt, ob wir die Erwartungen der andern erfüllen können. Wir sind voller Aufregung, wenn das Leben außen nicht so läuft, wie wir es erwarten, wenn jemand zu spät kommt, wenn uns ein Mißgeschick geschieht. Wir werden von außen bestimmt. Vitus ist das Bild eines Menschen, der von innen heraus lebt und deshalb in heiterer und gelassener Ruhe bleibt, auch wenn alles um ihn herum aufgewühlt und durcheinander geworfen wird.

Bettnässen ist nicht nur ein Problem von Kindern. Es gibt heute viele Menschen, die Probleme mit dem Wasserlassen haben. Die einen haben eine Reizblase, die andern spüren Schmerzen beim Wasserlassen, die andern leiden an einer Harninkontinenz. Die Psychosomatik hat die psychischen Ursachen solcher Störungen erforscht. Oft können solche Menschen mit Spannungen nicht gut umgehen. Sie müssen alles sofort loswerden, was sie beschäftigt. Die Ausscheidungsorgane sind ja von Kind an mit intensiven Gefühlen wie Stolz, Scham, Lust und Minderwertigkeit verbunden und daher anfällig für neurotische Phantasien. Die Psychologen sehen bei Störungen im Wasserlassen folgende Ursachen: „Abwehr von Trauer und Enttäuschung, Hingabestörung mit der Angst vor Selbstaufgabe... Selbstwertstörung... narzistische Beziehungskonflikte mit Verletzung der Selbstgrenzen, NäheDistanz-Problematik.. Selbstunsicherheit, Kontaktscheu" (Jores 316). Wenn der hl. Vitus bei Harnproblemen angerufen wird, so deshalb, weil dieser Knabe offensichtlich mit sich selbst im Einklang war, weil er sich nicht von außen hat bestimmen lassen und weil er sich von den Spannungen außen nicht aus der Ruhe bringen ließ.

SCHLUSS

Die 14 Nothelfer zeigen uns vielfache Nöte, aus denen Gott uns befreien kann, wenn wir zu ihm beten. Die Befreiung geschieht aber nicht nur durch ein äußeres Eingreifen Gottes, sondern durch eine Art geistlicher Therapie, der wir uns unterziehen und auf die wir uns einlassen müssen. In dieser Therapie müssen auch wir Schritte tun, damit unsere Wunden geheilt und zu Perlen verwandelt werden können. Die Wege, die wir selbst in der Therapie gehen müssen, zeigen uns die Legenden und die Darstellungen der Nothelfer. Die Bilder der Legenden haben die Geschichte Gottes mit den Heiligen so gedeutet, daß sie auch für uns eine Bedeutung haben. Die Bilder zeigen uns, wie auch bei uns Heilung geschehen kann. In den Legenden wird deutlich, welche menschlichen Einfallstore die göttliche Gnade braucht, um uns heilen zu können. Wir müssen nur die Phantasie aufbringen, die Legenden bildhaft auszulegen und ihre Bilder weiter zu entfalten. Dann spüren wir sehr schnell, daß das nicht längst vergangene Wundergeschichten sind, zu schön, um wahr zu sein. Dann streiten wir uns nicht darüber, ob jedes Wunder auch tatsächlich so geschehen ist oder nicht. Es geht uns vor allem um die Bedeutung für uns. Die Legenden ermutigen uns, die eigenen Wunden anzuschauen, die wir am liebsten vor uns und vor andern verbergen möchten. Und sie wecken in uns das Vertrauen, daß auch unsere Wunden verwandelt werden können. Und sie zeigen uns, auf welchem Wege die Heilung auch bei uns geschehen könnte.

Neben den Legenden hat auch die darstellende Kunst das Leben der 14 Nothelfer gedeutet. Manchmal hat die Kunst abgebildet, was die Legende erzählt. Manchmal hat sie aber auch die Deutung der Legenden erweitert und verändert. Es ist interessant, daß jedes Jahrhundert den Nothelfern andere Attribute zuweist oder zumindest andere Schwerpunkte bei den Attributen setzt. Die Künstler haben die Nothelfer meditiert und sie in ihren Bildern so dargestellt, daß sie den Menschen ihrer Zeit Hoffnung auf Heilung und Verwandlung ihrer Wunden schenken konnten. Es wäre eine lohnende Aufgabe, die Attribute der Heiligen tiefenpsychologisch zu deuten. Das konnte in diesem Buch nur andeutungsweise geschehen. Man würde in den Attributen dann nicht nur die wichtigsten Wunden ausgedrückt finden, die uns das Leben schlagen kann, sondern auch einen Weg menschlicher Selbstwerdung entdecken. Die Bilder der 14 Nothelfer zeigen uns, wie wir mitten in einer verwundeten und uns verletzenden Welt zu dem einmaligen Menschen werden können, der wir von Gott her sind. Da wird uns vor Augen geführt, wie Menschwerdung gelingen kann in einer Welt, die mit uns genauso grausam umgeht wie mit den Märtyrern. So wird in den Attributen beides dargestellt: die Gefährdung unseres Menschseins, unsere Wunden und Verletzungen auf der einen Seite, und die Heilung und Verwandlung unserer Wunden und der Weg der Selbstwerdung auf der andern Seite. Die Meditation der Bilder von den 14 Nothelfern möchte uns ermuntern, unsere eigenen Wunden anzuschauen, in der Hoffnung, daß sie zu Perlen verwandelt werden und so unsere Menschwerdung gelingt.

Es gibt nicht ein Bild allein, das mir meine Wunden und den Weg ihrer Heilung aufzeigen kann. Es gibt viele Bilder. Die Tradition glaubt, in den 14 Nothelfern die charakteristischen Wunden und ihre Verwandlung dargestellt zu sehen. Da gibt es Wunden, die wieder heilen wie bei Barbara. Da gibt es Wunden, die ich offenhalten muß wie Aegidius. Da gibt es das verschlingende Ungeheuer in mir, das ich wie Georg töten muß. Und es gibt den Schatten, den ich wie Margarete integrieren und mit mir herumführen kann. Da gibt es Schwellenängste, die ich mit Hilfe des hl. Christophorus überwinden darf. Da ist die Todesangst, in der mir Achatius mit seiner Geschichte beistehen kann. Da sind die Nöte der inneren und äußeren Gefangenschaft, da ist die Angst, zu ersticken. Da fühle ich mich besessen, hin- und hergezerrt, auseinandergerissen, von Zwängen beherrscht. Da gibt es den Affektstau, Beziehungskonflikte, Verletzungen aus meiner Familiengeschichte, Partnerprobleme, Schuldängste, zerbrochene Lebenspläne, Erstarrung und Leblosigkeit, Auszehrung und Lustlosigkeit. All diese Wunden werden in den Nothelfern dargestellt. Indem ich ihre Bilder anschaue, kann ich sie auch in mir entdecken und sie dann Gott hinhalten, damit Er sie genauso verwandelt wie bei den Heiligen.

Da die Legenden von den 14 Nothelfern eine bildhafte Theologie und Psychologie erzählen, sind sie auch unerschöpflich. Und sie bleiben immer aktuell und modern. Es wäre eine interessante Aufgabe, diese Legenden noch genauer auf eine christliche Therapie hin zu untersuchen. Wir brauchen nur einen neuen Blick dafür, um die Weisheit des Volkes in der Verehrung der 14 Nothelfer für unsere Zeit neu zu entdecken und sie für uns fruchtbar werden zu lassen. Es ist eine spirituelle Therapie, zu der uns die Nothelfer einladen, eine Therapie, bei der nichts verdrängt wird, die alles anschaut, ohne es zu bewerten, die aber zugleich alles Gott hinhält. Die spirituelle Therapie benützt Gott nicht, um den eigenen Wunden auszuweichen. Sie betreibt kein „spiritual bypassing", keine spirituelle Abkürzung, wie sie bei manchen Frommen zu beobachten ist. Sie meinen, es genüge zu beten, dann würden schon alle Wunden geheilt. Doch das Beten allein genügt nicht. Ich muß mich auch mit meinen Wunden beschäftigen, sie nochmals durchleiden, sie durcharbeiten und meditieren. Ich bete nicht an meinen Wunden vorbei zu Gott, sondern ich halte im Gebet meine Wunden Gott hin. Das ist der therapeutische Weg, den die Verehrung der 14 Nothelfer geht. Und es ist der einzige Weg, auf dem unsere Wunden zu Perlen verwandelt werden können, auf dem wir spüren, daß unsere Wunden nicht nur weh tun, sondern daß sie auch etwas Kostbares sind, das unserem Leben einen unantastbaren, einen göttlichen Wert verleiht. Die Wunden sind auch das Einfallstor für Gottes Wirken, für Gottes heiligen und heilenden Geist. Und sie sind die Türe, die uns zu unserer eigenen Wahrheit führt, zu dem unverfälschten und einmaligen Bild, das Gott sich von jedem von uns gemacht hat.

LITERATUR

Martin Achtnich, Christophorus - Auf der Suche nach dem Großen. Gedanken zur Christophorus-Legende, Freiburg 1980.

Jutta Ströter-Bender, Heilige: Begleiter in göttliche Welten, Stuttgart 1990.

Otto Betz, Das Geheimnis der Zahlen, Stuttgart 1989.

Joseph Braun, Tracht und Attribute der Heiligen in der Deutschen Kunst, Stuttgart 1943.

Thorwald Dethlefsen, Krankheit als Weg, München 1983.

Walter Hildebrand, Die heiligen Nothelfer, Gaming 1988.

Arthur Jores, Praktische Psychosomatik, hrg. v. Adolf-Ernst Meyer, Bern 1966.

Die Legenda aurea, aus dem Lateinischen übersetzt von Richard Benz, Köln 1969.

Dominik Lutz, Der Gnadenaltar in Vierzehnheiligen, Staffelstein 1993.

Das große Buch der Heiligen. Geschichte und Legende im Jahreslauf, hrg. v. Erna u. Hans Melchers, München 1978.

H. Sachs, E. Badstübner, H. Neumann, Christliche Ikonographie in Stichworten, München 1973.

Georg Schreiber, Die Vierzehn Nothelfer in Volksfrömmigkeit und Sakralkultur, Innsbruck 1959.

Anselm Grün
Maria-M. Robben

Gescheitert? Deine Chance!

ISBN 3-87868-169-0
Format: 13,5 x 20,5 cm,
168 Seiten, broschiert
DM 22,80; öS 167,00; sFr 22,80

„Ein Buch, das in jeder Hinsicht ‚Not-wendig' ist."
(Schweizerische Kirchenzeitung).

Vier-Türme-Verlag
97359 Münsterschwarzach Abtei
Telefon 0 93 24 - 20-292
Bestell-mail: info@vier-tuerme.de

Ein Lebensentwurf zerbricht. Zurück bleiben Verletzungen, Mißverständnisse und Einsamkeit. Immer mehr Menschen scheitern in ihrer Ehe oder Partnerschaft, in ihrem Beruf, im Kloster oder als Priester. Anselm Grün und Maria-Magdalena Robben zeigen in diesem Buch, daß im Scheitern auch eine Chance liegen kann. Sie machen allen Mut, die ihr „Lebenshaus" wieder aufbauen wollen.